是团队做不好

还是你不会带

陆 丰 李伊雅 杨俊杰 著

TEAM

It's the team that doesn't do well, or
you don't.

引用历史案例

实现理论与实践相结合

经济管理出版社

ECONOMY & MANAGEMENT PUBLISHING HOUSE

图书在版编目（CIP）数据

是团队做不好，还是你不会带/陆丰，李伊雅，杨俊杰著. —北京：经济管理出版社，
2018.4

ISBN 978-7-5096-5690-7

Ⅰ.①是…　Ⅱ.①陆…　②李…　③杨…　Ⅲ.①企业管理—组织管理学　Ⅳ.①F272.9

中国版本图书馆 CIP 数据核字（2018）第 046905 号

组稿编辑：杨国强
责任编辑：杨国强　张瑞军
责任印制：黄章平
责任校对：董杉珊

出版发行：经济管理出版社
　　　　　（北京市海淀区北蜂窝 8 号中雅大厦 A 座 11 层　100038）
网　　　址：www. E-mp. com. cn
电　　话：（010）51915602
印　　刷：三河市延风印装有限公司
经　　销：新华书店
开　　本：720mm×1000mm/16
印　　张：14.5
字　　数：258 千字
版　　次：2018 年 5 月第 1 版　　2018 年 5 月第 1 次印刷
书　　号：ISBN 978-7-5096-5690-7
定　　价：48.00 元

前　言

已经给核心员工很高工资了，怎么还是留不住他？

看着一团和气，为何业绩却提不上去呢？

入股时说好赚钱一起分，结果怎么就卷钱跑了呢？

成员们都很忙，但就是业绩不好？

……

不知道这些问题在各位读者的企业中是否正在经历，又或许曾经出现过。如果你在管理过程中出现了这些问题，那么本书正好可以为你提供解决的思路和方法。

实际上，每一个团队在发展的过程中都会出现各种各样的问题，最主要看管理者采取什么样的管理方法。管理者要明白，一个好的团队并不是团队中的每一个成员都是骁勇善战的，而是由各种不同能力的员工组成的，看整个团队的整体力量。

本书共分为八章，分别为团队激励、团队股权、团队文化、团队组织、团队业绩突破、团队薪酬绩效、团队岗职岗责以及团队新人招选育留。

本书具有以下特点：

第一，理论与实践相结合。本书引用了大量真实、鲜活的案例，这些案例在某种程度上具有普遍性。也就是说，很多企业在发展的过程中都会遇到这些问题。通过理论与实践相结合的形式，不仅从理论上解决问题，还能很好地让读者不但知其然而且知其所以然。

第二，图文结合。本书引用了一些图，通过图可以很好地了解文章中所叙述的知识点。有助于读者更好地了解文章内容。

第三，语言精练，富有感染力。实际上本书的语言很精练，也富有感染力，更有助于读者阅读本书。

第四，引用历史案例。本书中引入了一些历史案例，通过历史案例可以更清楚地看到结果，可以从中吸取更多的经验。

本书在写作的过程中得到了很多人的支持，包括很多企业的经理、总监，还有很多经销商和店长等。正是在他们的支持下，我才能坚持至今。他们给我提供的很多素材，成为本书的蓝本。最后，我要感谢我们安邦智业的所有小伙伴们，感谢他们陪在我的身边！我相信，我们安邦智业这个大家庭一定会越走越远！

陆 丰

2017 年 9 月

目　　录

第一章

团队激励

激励是什么？激励是指激发人的动机的心理过程，是一个心理学名词。将激励这个心理学概念与团队管理相结合，可以更好地激发人的潜能，调动其积极性以及创造性，发挥其主观能动性。

团队激励是指通过各种有效的手段，不同程度地满足或者限制团队里的每一成员的各种需求，以激发团队中成员的潜能、需要及欲望等，从而促使团队中的每一位成员所形成的目标都是一致的，并且促使成员在实现这一目标的过程中保持热情和积极状态，最终达成预定目标的过程。

团队成员潜能的开发与自然资源、资本资源的开发有所不同，团队成员潜能的开发并不能精确地进行预测、计划及控制。

团队激励具有以下几个特点：

（1）团队激励的结果不能事先预知。人的心理是团队激励的出发点，激励的过程是人心理活动的过程。但人的心理活动是复杂且不能直接感知的，只能通过心理活动导致的行为表现而进行感知。

（2）团队激励产生的动机行为是动态的。激励产生的动机行为并不是固定的、不变的，而是受多种因素影响和制约的。条件不同，行为表现也就不同。所以，必须以动态的观点认识这一问题。

（3）团队激励的方法是因人而异的。由于激励的对象不同，即人的需要也是千差万别的，从而促使不同的人对于激励的心理承受能力以及满足程度也不尽相同。所以，对于不同的团队来说，所采取的激励手段和方法也是不同的。对于同一团队中的个人，激励手段和方法也是不同的。

（4）团队激励的效果是有限的。激励也是有限的，因为激励的对象是人，激励不能超过人的限度，比如生理限度、心理限度等，应该遵循适度的原则。激励是为了最大限度地发挥人的潜力。但是，人的潜力并不是无穷的，也是有限的，受多种因素的影响和限制，这些因素包括自身条件以及生理因素等，所以，每个人发挥的能力是有所差异的。

【案例1】
表扬他们都不满足，员工还要我表示表示

【案例】

"张总次次都说我们项目完成得好，干得好，辛苦了，那怎么不见他表示表示呢？" "最近公司业务忙，加班多，夏总老是说坚持坚持，我们拿啥坚持啊？" 这样的抱怨在很多企业中都屡见不鲜。企业管理者以为口头的赞美表扬就够了，实际上这些口头的赞美已经无法满足这些员工的需求。

【案例分析】

☆ "军无财，士不来；军无赏，士不往"

一些企业管理者总是在口头上赞美一些干得非常不错的员工，实际上，这些口头上的赞美已经无法满足他们的需要。就拿这次项目完成来说，张总可以给予他们一些物质福利，比如团队聚餐、团队旅游等，在物质上满足他们，但有些企业老总却舍不得，只是一味地进行口头赞美，这次这样，下次还这样，激励的作用没有看到，反而让员工很反感。还有一些企业老总认为，对于作出突出贡献或者作风优良下属的奖励仅仅是精神奖励就够了，物质奖励尤其是金钱奖励是不可取的，是庸俗的，这种想法随着社会的发展，在今天显然已经满足不了人们的需求。

还有一些企业老总总是"又要马儿跑得快，还让马儿不吃草"，往往只关注企业的营收情况，忽略了员工的个人感受，甚至连句赞美都吝啬给予。时间一长，员工的工作积极性就会下降，一些员工甚至会煽动大家消极怠工，一致对

"外"，而矛头所指的正是企业管理者。在这种局面下，管理者说的话又怎能有权威、企业又怎能高效运转呢？

【解决之道】

☆ 物质激励和赞美激励相结合

物质激励是指满足员工的物质需要。物质激励不仅简单，并且效果显著。马斯洛的需求层次理论是需求理论的代表。在马斯洛需求理论中，人的需求被分为五个层次：生理需求、安全需求、归属需求、尊重需求和自我实现需求，如图1-1所示。

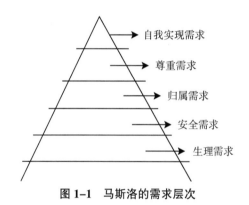

图1-1　马斯洛的需求层次

管理者应该认真分析每一位员工，确定他们的需求属于哪一层次，从而采取有效的激励策略、方法和手段。

管理者若将物质激励和赞美激励结合起来，必能相得益彰，具有显著的效果。很多人一提到物质激励就会想到工资，其实不然，可能是一张饭卡、一杯饮料，等等。物质激励是在个人工资之外的一种情感关怀，它是企业管理者与团队员工之间的情感纽带。适当地对团队员工进行物质奖励，可能耗费的资金并不值得一提，但对员工的发展以及公司的凝聚力都起着不容小觑的促进作用。

☆一根雪糕、一份盒饭……都体现了管理者的关怀

物质激励不限于多么昂贵的东西，一根雪糕、一份盒饭、一次新人欢迎聚餐……虽然都是很小的东西，但都承载着管理者的关怀，员工通过这些能体会到企业管理者的关怀，增进了彼此的关系，为公司氛围注入了一丝温暖。

☆ 了解员工的需要，做到雪中送炭

雪中送炭之所以让人感激万分，原因很简单，就是恰好满足了他的需要。激励也是这样，若能对员工的需要有一定的了解，必能最大限度地促进员工积极性的提高。

北京某投资公司的小赵业务能力强，工作认真负责，虽然有人"挖墙脚"，但他都无动于衷，一直在这个公司勤勤恳恳。一次聚餐上，他说出了没有跳槽的原因。

去年他的亲人来北京做手术，虽然是个小手术，但要花时间照顾，所以上班时有些力不从心，出现了一些小问题。老板何总了解情况后，把他叫到办公室，不仅把年假调休给他，让他照顾亲人，还给了他2000元的慰问金，让他非常感动。

员工们究竟需要什么，以及如何满足他们的需要呢？其实方法有很多种。比如与他们多进行交流，不仅了解他们的工作内容，对他们的生活也要有一定程度的了解，这样在他们遇到一些问题时，或者工作出现问题时，能及时地找出原因所在，及时地处理问题。

作为一个企业管理者，及时适当地关注员工心理，并在必要的时候给予他们一定的物质奖励，不仅会提高员工的积极性，还可能会留住一名"忠心耿耿的有能力者"。

【案例启示】

作为一个企业管理者，要学会抓住员工心理，切忌客啬处事，凡事要多为员工着想，多为员工提供一些小小的物质奖励，这不但拉近了与员工的距离，也大大地促进了企业凝聚力的提高，促进企业稳步发展。不过物质奖励的提供也要点到为止。过于频繁发放员工奖励反而会削弱员工对物质激励的重视度，造成员工认为发放物质激励是正常的，一旦频率没有这么大，反而会引起员工的不满，所以"拿捏"好这个度非常重要。同时，管理者也应注意到一个问题——在物质奖励的同时，也不要将精神奖励忽视了。在员工表现很不错或其需要支持时，一定不要对他的精神需要置之不理，不要放不下领导架子，不好意思，一定要鼓励他，赞美他。

【案例 2】
以你的能力，一定能解决这个问题的

【案例】

北京的李总每天上班都会对自己的员工予以赞美，如"小张，这个月你们这个组干得真不错""小美，你今天化的妆很漂亮""小王，你的技术真的很高超，很多同事和客户都向我夸赞了你，你也在技术评比比赛中拿到了不错的成绩，但是最近，工作的质量与之前相比还是有一定差距的，这并不是我想要的质量，我想以你的能力，一定能解决这个问题的"等，员工听后，心情更加美丽了，工作也更加卖力，对待身边的同事及客户也不吝啬地赞美。即使有些员工在工作中出现一些问题或者有一些缺点，管理者予以赞美，不仅能让员工感受到老板能原谅他这个问题或者缺点，同时，为了达到老板赞美的那个样子，也会积极地解决这个问题，改正一些缺点。

【案例分析】

☆ 几句赞美就能促进员工上进心的激发吗

"我们老板真是个好人，我们团队完成一个项目后，总是能受到老板的赞美，有时会在开会时，点名称赞我们团队里的每一个人""我昨天穿了一条新连衣裙，李总以及同事们都说很漂亮，让我一天的心情都很好"。从李总手下的员工所听到的都是对李总的赞美之词，这和他平时赞美自己的员工分不开。

其实，李总并没有采取什么特别的措施，在满足员工的一些需求后，如薪资水平、社保等都符合员工的能力以及资历等，适当地夸赞会提升他们工作的上进心。

☆ 精神激励必不可少

精神激励是相对于物质激励而言的。精神激励是指通过非物质的形式对团队成员的心理需要的满足，促进其思想意识的改变、促进其工作活力的激发，让员工不仅实现了自我价值，也为团队、为公司做出了奉献。

关于精神激励，人们习惯上理解为用社会主义道德、共产主义理想武装劳动者，具体做法是通过思想政治工作和政治学习，学先进、树榜样等。所以，一提到精神激励，就只涉及荣誉称号、表扬以及奖状等。实际上，这是对精神奖励的片面理解。精神奖励还包括以下各种激励形式，如图1-2所示。

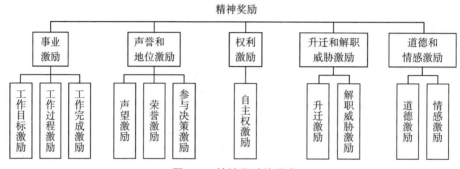

图1-2　精神奖励的种类

事实上，在物质收入达到较高水平后，金钱等物质手段的激励作用会越来越弱，而精神激励的作用会越来越大，重视对员工的精神激励可以说是十分重要和必要的。

☆ **当有些员工犯错误时，赞美有时比批评更加有效**

人无完人，每个人都会出现这样或那样的问题，但当管理者面临这样一个结果时，会采取什么样的解决方式，是严厉的批评还是在适当的赞美中予以督促其解决？

许多管理者在采取一些激励措施时，对员工是否符合这种激励方式不进行考虑，对员工的需求也不进行认真分析，而是采取"一刀切"的方式对待每一位员工，那么结果可能就会背道而驰，与管理者当初所想的完全相反。

一名一直不错的员工，最近工作却出现一些问题，责骂他可能会招致他对你的不满甚至是怨恨，这种情况，其实不如赞美一下他以前的工作成绩，让他相信自己有能力处理好工作以及工作中出现的问题。

【解决之道】

☆ 赞美措辞要恰到好处，不能夸大事实

当管理者予以赞美时，要恰到好处，实事求是。管理者夸赞员工的优点，其他团队成员也是能够看到以及认可的。

管理者对于这一夸赞点，要实事求是，不能夸大，否则会出现一些问题，比如：①被夸赞成员出现自负的情绪，误以为自己就是领导所夸的那个样子，从此不再努力，工作的积极性也大大降低。②造成团队中其他人的不平衡，甚至反感。其实，团队里的成员对于被夸赞点都是可以看到的，即使心里有些想法，但确实存在。如果夸大了事实，团队里的其他成员不仅从心里不认同，不服气这个"榜样"，反而会引起一些猜疑，这样会引起反作用，不仅没有将下属之间的凝聚力汇聚在一起，反而离间了彼此，给管理者本身也带来一些新的问题。

此外，如果管理者夸大事实，还会助长不良风气。一些员工因为小小的进步就获得了夸大的表扬，会产生造假、浮夸、邀功请赏的情况。原本是作为激励手段的赞美就会演变成员工心目中贪慕虚荣、谋私利的工具，其本身的积极影响反而变得不重要，这是每个企业管理者都不想看到的结果。

☆ 放下领导架子，真心诚恳

真诚的赞美、发自内心的赞美，才能被每一位员工认同。如果只是为了赞美而赞美，会取得反效果，别人认为你是敷衍了事、虚伪等。每个人都不会将赞美和赏识拒之门外，但于这种虚假的赞美、居高临下的美言，有的员工可能会当作耳边风听听就算了，有的员工反而会产生厌烦的情绪。

每个人都有闪光点，每个行业也都会出现"状元"，所以管理者不要吝啬对于员工的赞美，更不要抱着"我是老板，我出薪资，他们做得好也是应该的"的心理，只有真心诚恳地予以赞美，激励的效果才会如约而至。

☆ 赞美员工要懂得"雨露均沾"

管理者在大庭广众之下总是固定地夸奖同一位员工，会让其他未被表扬的同事产生嫉妒心理。管理者的赞美越多，他们的嫉妒心越重。如果管理者的夸奖内容又言过其实，过于浮夸，只会让其他员工更加厌烦管理者。他们不但会看不起被表扬的员工，还会从心里认定管理者做事偏袒，怀疑管理者是不是别有用心。企业管理者应做到以点带面、以面带全地表扬员工，尽量避免给其他员工带来心理不适，这样才具有"激励个体，鼓舞全体"的效果。赞扬别人要懂得"雨露均

沾"，夸赞一个人的同时，也要对他人的工作给予鼓励，这才是正确的表扬方式。

☆ **对于一直不错最近有问题的员工，要更加赞美、肯定他们以前的工作**

有的员工工作一直非常不错，可能由于一些因素对工作造成了影响，如家里的琐事、进入工作懈怠期等，从而在工作上出现了一些问题。这时，管理者不能只看到员工出现的问题，一味地盯着这个问题，更不能抓着这个问题不放对员工进行批评训斥。而应该进行积极的引导，赞美、肯定他们以前的工作，增强他们的工作信心，引导他们解决目前工作中出现的问题。

相比其他人的赞美来说，管理者的赞美对员工来说其实更加有效，如果你想在管理方法上超越自我，改变其他人的态度和举止，那么给他一点你的赞美，用你的一点赞美，让他改过自新，或者保持优秀，一定会取得非常理想的效果。

【案例启示】

管理者一定不要吝啬赞美你的员工，以下几点一定要牢记在心：①措辞恰到好处，不能夸大事实；②真心诚恳；③赞美员工要懂得"雨露均沾"；④对于一直不错但最近有问题的员工，要更加赞美、肯定他们以前的工作。

一个成功的管理者，一定要融入团队中，你的表扬才能发自肺腑，深得人心，从而起到激励员工进步的作用。

【案例3】
小李，你不要泄气，我亲自去试试

【案例】

"小李，你不要泄气，我亲自去试试""我们每天到公司的时候，张总都已经到了"，在特殊时期，管理者自身的表现非常重要。表率作用能够形成一种巨大的影响力，管理者如果能够做好榜样，就能以一种巨大的号召力来凝聚公司的力量，从而形成巨大的战斗力。在企业困难时期，管理者要以身作则，带领团队共渡难关，自己绝不能自甘堕落、抱怨不停，而要精神百倍地迎接挑战，为员工做好表率。

【案例分析】

☆ 做好表率，激励员工

企业管理者都希望自己麾下能有一支高素质的员工队伍，其实员工们也希望有一位高素质的领头人，跟着优秀的领导做事，自己才会有好的前途和未来。管理者地处高位，责任重大，应时刻注意自己在员工心目中的形象。"我们每天到公司的时候，张总都已经到了"，这种印象，不仅给员工树立了榜样，在员工心中的权威性也会提高。"小李，你不要泄气，我亲自去试试"，这位老总不仅自己做表率，同时也鼓舞了员工，估计没有几个员工会不喜欢这样的老总。

许多员工心中的怨气多半来自对公司和管理者的不满，有的领导者对员工的要求非常苛刻，但对自己却没有什么要求和底线，员工当然会义愤填膺。管理者要求别人做到的事，自己首先要能做到。

【解决之道】

☆ 严格要求自己

有一种现象很令人遗憾——很多管理者达到一定级别后，过去的标准就抛之脑后了，任何学习或进步似乎也不需要了，但却希望他们的员工遵守这些标准。更有甚者，管理者认为他们自己做不做并不重要，他们的职责是命令别人去做。事实上，每一个人都清楚尊敬是赢得的，通过发号施令来获得别人的尊敬是不现实的，发号施令并不是有效的领导方法；反之，身体力行是最有效的领导方法。

一个团队中的员工往往会自觉或不自觉地对管理者的工作习惯和修养进行模仿。由于管理者的职责高于普通员工，其影响力也非一般人所比。管理者的一言一行、一颦一笑都会受到员工的审视和效仿。这种普遍存在的"向官"效应，决定了管理者必须牢固树立榜样意识，严于律己，在行动上为员工做好表率。

管理者应该要树立一种心态——不断进行充电，不断完善自我，为自己制定"高人一筹"的标准，虽做不到最好，但追求最好的心愿和行动必须要有。管理者要注意的很多，比如注意穿着和仪表，注意言语谈吐，注意举止行为，善于调节情绪，强化能力，等等。管理者要严格要求自我，不断地进行学习，从而给员工们树立一个良好的学习榜样。

☆ 关键时刻顶住压力，绝不后退

所谓"打江山容易，守江山难"，企业总会有一些大大小小的困境。企业一旦陷入困境，必然引起员工的恐慌，在这个关键时刻，管理者需要顶住巨大的压力，绝不后退，率先冲锋陷阵，为员工重拾信心，给予他们安全感。当然，管理者在公司不景气的时候，难免意志消沉，但绝不能在员工面前表现出一副颓废的样子，这会严重挫伤员工的积极性，加剧他们的恐慌。管理者应鼓励大家勇往直前，共同渡过难关。

☆ 与员工同甘共苦，不搞特殊化

人都是感情动物，管理者也要理解员工的难处，与员工同甘共苦，这既是一种关心，更是一种激励。即使管理者拥有很多的特权，但如果一味搞特殊化，会导致员工背离自己和企业。还有的领导整日大力提倡奉献精神，希望员工不计私利，承担非常繁重的工作，而自己却不具备一点敬业精神，这样的领导自然难以服众。在公司发展遇到困难时，有的管理者立即宣布缩减员工的薪水，而自己却仍然是高薪，这种情况下，希望员工理解企业的所有言辞都会显得苍白无力。

管理者想要凝聚人心，消除员工心中积聚的怨恨，就应该懂得与员工同甘共苦，绝不能一味地要求员工发扬吃苦耐劳的精神，自己独品蜜果。在公司陷入危机时期，应与员工一同降薪，带领员工全心全意地工作，还需要经常到基层为员工鼓舞士气，与大家同心同力攻克难关。

一个企业的发展壮大既离不开管理者，也离不开所有员工，并且只有大家心往一处想、劲往一处使才能促进企业不断进步。员工与管理者如果在遇到挫折、危机时，选择患难与共、同舟共济，那么这一过程中所形成的关系就会牢不可破。管理者也要意识到员工同甘与共、不搞特殊化的重要性，只有如此，才能使企业不断发展，取得蒸蒸日上的业绩。

☆ 用热忱来打动员工

热忱就像不灭的野火，可以在团队内部迅速燃烧起来。

如果领导冷漠高傲，不仅会疏离上下级关系，对所有员工的情绪也会有所影响，使整个团队失去活跃的气氛和最基本的人情味。身为管理者，其为人处世的态度会反映在员工身上，如果想让员工成为一个紧密结合的命运共同体，自己首先要收敛傲气、放下姿态，用热忱打动全体员工，让大家克服眼前的艰难和痛苦，齐心协力地努力工作，紧密地团结在自己的周围，直至冲破黑暗，迎来破晓的黎明。

【案例启示】

管理者不断完善自我，不仅树立了榜样，同时还会在员工心目中树立一个比较权威的形象。关键时期，管理者就是整个团队的"定心丸"，要拥有强大的自信心和顶住压力解决问题的魄力。同时，还要与员工同甘共苦，共渡难关。

【案例4】
小张，你去××岗位，更能发挥你的才能

【案例】

小张是一家超市的收银员，虽然生性活泼，但做事马虎，工作常常出现一些小问题，或者小插曲，比如找不到东西、少收了顾客的钱或者忘记找顾客钱而导致差钱。这些事情最终还要他自己承担，少收的钱要自己补上，忘记找客户钱还会遭到客户的投诉。几次下来，小张活泼的笑脸也消失了，工作起来也没有信心了。夏主管了解到这个情况后，并不是立刻辞退了他，而是将他调到了另一个岗位——促销员。小张生性活泼，为人热情，擅长与陌生人沟通和交流，所以几天下来，小张不仅对新岗位没有任何的不适应，反而提升了该产品的促销量。明媚的笑脸又绽放在了小张的脸上，夏主管也当众表扬了他，小张对工作越来越有信心，并决心下个月做得更好。

【案例分析】

☆ 量体裁衣，安排最合适的岗位，发挥员工最大的才能

"金无足赤，人无完人。"任何人都有自己的特长，同时也会有自己不擅长的

方面。清人顾嗣协的《杂诗》中，"骏马能历险，犁田不如牛，坚车能载重，渡河不如舟。舍才以避短，资高难为谋，生材贵适用，勿复多苛求"写得特别好。什么意思呢？是指人对于自我要善于客观、公正、正确地认识和分析，在认识自己的过程中，不仅要看到长处，自身的缺点和不足也要认识到。自我的优势以及长处要善于发现，做到扬长避短。其实，用人之道也是如此，用人之长，避人之短。事实上，成功的管理者都有一套用人的经验，用人之长和容人之短是其中一个重要内容。

小张由于性格等原因对于收银员这一岗位并不适合，夏主管在了解到他的工作后，并不是采取批评或者辞退的方式，而是将他调到了促销员这一岗位。最主要的原因是夏主管对小张这一普通员工进行了认真分析，然后做出了适当的调整，安排他到了适合的岗位，使他更好地发挥了自己的强项和长处，激发了他的工作信心和工作热情，使他工作起来得心应手，夏主管也不会因为岗位的错误安排而苦恼。只有将员工安排在合适的岗位干合适的工作，才能充分发挥他们的才能，才能为团队取得最大的价值。

【解决之道】

☆ 对员工及其工作表现给予分析，做出适合的岗位调整

其实，无论是员工在这个岗位干得不行，出现很多错误，或者是员工在这个岗位上干得很好，都应该对员工及其工作进行具体分析及考量，做出最恰当的决定，而不是单一地进行辞退或者升职处理。

当一个员工在一个岗位出现一些问题后，可以对其进行岗位更换，如果进行了几次岗位更换后，这个员工还是失职，那么应该质疑他是不是不适合在此公司发展，可以做出解雇的决定。

当然对于表现相当出色的员工也是如此，不能直截了当地直接让他升职。可以对其进行考核，加大工作的难度，观察他能否胜任，如果可以胜任，时机成熟后，可以进行升职。如果一味地将升职作为出色员工的奖励手段，就会发现每一个人都有可能成为下一位升职的对象。最终，这样的升职起不到激励的效果，反而弄巧成拙，引发一些其他问题。

☆ 让钉子和螺丝各司其职，发挥其功能

一个好的团队就好比是一部正常运转的机器，团队里的每一位员工是机器的

一个个零件。造成这个机器运转不好的情况并不只是一个或几个零件出现故障，也有可能是在零件安装时就出现了错误。只有在各就其位、各司其职的情况下，机器才会高速运转，才能保证生产效率。

管理者既是这台机器中的一个零件，也是这台机器的组装者，所以一定要将员工安排到合适的岗位上，以保障团队工作的顺利进行。

每个管理者都希望自己的员工能够独当一面、面面俱到，都是人才，都是精英，但这只是管理者的期望。成功的管理者，不是手下的人都是人才精英，而是善于将团队中的每一位成员的能力进行最大限度的优化组合，让每一位员工的才能都能在其岗位上得到最大限度的发挥。

☆ 人尽其才，物尽其用

著名管理学家德鲁克指出："有效的管理者择人任事和升迁，都以一个人能做些什么为基础。用人决策不在于如何减少人的短处，而在于如何发挥人的长处。"每个人都有长短处，没有任何缺点的人是不存在的，不具备任何闪光点的人也是不存在的，管理者管理有效的秘诀之一是如何使员工扬长避短，即使其长处最大化地发挥，避开其短处。

即使员工是一匹千里马，也要有伯乐才行。一位成功的管理者总是能提供给员工一个展现自我的空间，让其尽情展示自我，发挥其才能。"人尽其才，物尽其用""木匠手中无烂木"。从某种意义上说，会用人的管理者，可以让每个人都派上用场。"智者不用其短，而用愚人之所长也。"事实上，大多数真正的人才缺点很多，也很明显，如果管理者求全责备，就会发现麾下无人可以用。

☆ 学历真的重要吗？

一般人认为有本科学历、硕士学历、博士学历的人，经过国际著名公司培养的人，或有着显赫工作经历的人，就是稀缺的、难得的人才。实际上，再难得的人才，也会出现这样或那样的问题。在现实的职场中，很多"空降兵"总是高开低走，败阵而归，究其根本是对本土环境的不适应，甚至是厌烦。其实每一个人对于陌生的环境一开始甚至一直都会有些不适应，会对这个城市的文化、环境等因素厌烦，这些情感有可能带入工作中。所以不能只凭学历用人。这里并不是对于学历的重要性予以否认，而是强调以能任人、凭才任人，而不是局限于学历。

☆ 好好干就一定能干好吗？

"你好好学，一定能学好""好好干一定能干好"，这样的话不仅能在职场中听到，在生活中也屡见不鲜。还有人有这样的想法——这个人最大的弱点就是他进步的最大机会。比如，让一个五音不全的人去学歌唱，即使加倍努力，所取得的效果也不会多好。其实这都不是成功的管理者所遵循的。

成功的管理者认为：①每个人的才干都经久不变，与众不同。②每个人最大的成长空间在于其最强的优势领域。所以，成功的管理者总让员工去发挥自己的优势，而非改变自己的劣势。普通管理者和成功管理者正是由于这种观念上的差异，所以才有差异。

【案例启示】

一个团队中应该有各种各样的人，他们都有自己的一技之长。管理者需要对员工的优缺点甚至个性了如指掌，安排到适合的岗位，激发其潜在的能力，让他们发挥最大的才能，这样的结果自然皆大欢喜。

【案例5】
没犯错误，也要把老张调离岗位

【案例】

老张在这个企业工作很长时间了，工作压力小，收入稳定，整个部门与他年龄相仿的有好几个，所以人员方面也比较稳定。虽然一直没做出什么突出贡献，但也一直没犯什么错误，老张不明白老总为什么把他调离到另一个岗位。

【案例分析】

☆ 没犯错误就可以吗

许多企业内部没有竞争的氛围，在这样一个氛围里有许多工龄较长，已经产生倦怠期的老员工；也存在一些优秀人才自掩才华，以求自保；还有些人没有进取心，缺乏工作的动力；再者就是有些人没有什么压力，抱着做与不做都一样的想法。有些人不犯什么错误，也没有什么贡献。员工和企业对于现状比较满意，不思进取，没有做到居安思危，在外部竞争中不但不会越来越好，反而会失败。

当今社会，竞争非常激烈，一旦企业内部的员工看不到外部的激烈竞争，选择安逸地工作，那么随着时间的流逝，这些员工就会形成惰性，毫无激情可言。竞争意识在这一过程中也会逐渐失去，从而最终没有竞争力。

员工只有在有压力的环境中、有竞争的气氛中才会有危机感、紧迫感，才能激发进取心，才能积极努力地工作，企业才能有活力，才能发展。

【解决之道】

☆ 团队内部竞争意识的树立非常重要

适度的竞争可以提高团队的工作效率。当前整个大环境是竞争非常激烈的状态，管理者需要把竞争意识渗透到团队中，才能建设一支充满活力、有工作激情且有工作业绩的团队。在竞争气氛中，工作的员工基本上都有着很高的士气，员工的创造力也能大大提升，也能塑造职业精神。

在团队建设的过程中，协作是一个团队的核心，但这并不等同于整个团队就像一潭死水，缺乏竞争的活力。有很多团队，给人的感觉是办事效率不高、效益也不好，团队中的员工拖拖拉拉，懒散松懈，不求进取。究其根本，整个团队没有竞争意识。所以，管理者应致力于将竞争机制引入团队中。士气高昂的员工，才能使团队充满活力，才会取得好的效益，企业才能取得发展。

每一个人都有很强的自尊心、上进心，都不甘落于人后。竞争是激发他们潜能、激发他们斗志的最有效方法。竞争也是激励员工的一种有效手段。不难想象，如果没有竞争，就会没有压力，就不会有活力，团队也好、个人也罢，都不能充分发挥出全部的才能。

在现实生活中，人人都是有惰性的。一味地安逸只会逐渐将员工的工作热情消磨掉，逐渐衰减员工的创造激情。当一个员工的工作激情衰减到对团队的危机没有意识，或者即使意识到也无动于衷时，只能说明这个团队正在走向灭亡。在这种情况下，引入竞争机制，最大限度地激发员工，他们的聪明才智才会尽情地发挥。

☆ 引入末位淘汰制

很多企业的人员由以下三种类型构成：①干才，20%左右。这种干才是企业不可缺少的。②以公司为家的勤勤恳恳的人才，60%左右。③整日无所事事的拖企业后腿的蠢材，20%左右。管理者如何增多前两种人数，使其更具有工作能力和敬业精神，而减少第三类人数呢？如果对第三类人只是简简单单地采取完全淘汰的方式，那么不但没有解决最初的问题，反而会引发一些新问题，比如：受到工会的压力；会给企业带来一些损失。其实在这种情况下可以引进末位淘汰制。

末位淘汰制是以企业发展的要求为主线，通过各种考核机制对员工进行考核、排序，并且实行奖罚措施。业绩差、考核不合格的末位员工将面临降薪、辞退等惩罚。这种方法可以简化机构规模，精减员工。

很多企业有很多员工，效率却很低。主要是由于人浮于事的员工太多了，这种人普遍都抱着一种"能推脱就推脱"的工作心态："有某某干呢""凭什么让我一个人来干""等着某某回来，大家一起干呗"如果团队员工的心态都是如此，企业必然走向衰落，更不要说提升利润了。

通过精兵简政的方式，可以有效解决此类问题。当企业内部人员减少时，员工才会有竞争压力，才会意识到自己必须努力才能留下来。随着人员数量的减少，某种程度上可以说每个人的工作量也增加，在一定程度上可以提升员工的工作积极性。当然，这并不是绝对的，也存在这种情况，即人的数量虽多，但很多人是不干事的，那么当这些人淘汰后，对工作量的影响并不大。

末位淘汰制作为一种企业管理制度，必须让员工充分了解并且接受。同时，企业也应给予员工一个明确的发展目标、未来的晋升方向等，只有充分认识到这一点，员工才能以更加饱满的心态投入工作中。

淘汰并不是末位淘汰制的最终目标。末位淘汰制只作为激励的一种手段，是为了能在一个有压力的氛围中最大限度地激发员工工作的积极性，而不是为了淘汰而设置末位淘汰制。

☆ 引入"鲶鱼"，促进活力

当一个团队的工作进入一个较平稳、稳定的状态时，一定程度上意味着员工的工作积极性会有所降低。这时候可以引入"鲶鱼"，对于团队的工作、发展能起到很好的作用。一个团队中，如果一直有一位"鲶鱼式"的人物，那么团队的活力将会提升，好的业绩会笼罩整个团队。

鲶鱼就是普普通通的一种鱼类，只不过生性好动，也没什么特别。但自从有渔夫用它来提高长途运输沙丁鱼成活率后，鲶鱼的作用便受到了越来越多的重视。沙丁鱼，生性喜静，追求平稳。在现实生活中也有像沙丁鱼似的人，即那些不能清醒认识所要面临的危险，只是一味地安逸于现有生活的人。渔夫非常聪明地利用两种不同性格的鱼类，从而确保沙丁鱼的存活率。渔夫在这个过程中也获得了最大的利益。

引入"鲶鱼式"人物是管理者激发员工活力的最有效的措施之一。它表现在两个方面：①企业在发展过程中要不断补充一些新鲜血液，引入一些富有朝气、思维敏捷的年轻人，这些年轻人可以引入员工队伍中，甚至可以引入管理层，给那些故步自封、不思进取、因循守旧、惰性极大的员工和官僚带来竞争的压力甚至危机，唤起"沙丁鱼"似的员工生存意识、竞争求胜之心以及工作激情等。②企业发展的过程是动态的，所以也要不断地引入一些新的东西，比如新的管理观念、新技术、新工艺以及新设备，这样才能使企业发展。

"鲶鱼效应"即采取一种措施或手段，或加入新人或加入一些新设备、新技术等，激励员工活跃起来，积极参与竞争，从而提高工作业绩。

☆ 注意竞争的负面产物

管理者在引入竞争机制时，需要特别注意的是，任何事情都是一把"双刃剑"，既有有利的一面，也有有害的一面。竞争也是如此，它所带来的并不完全是积极向上的、正面的，同时也会带来负面产物，比如压力、恐惧以及挫败等，特别是一些不正当竞争，它的弊端更是致命的。那种恶性的、无序的、不正当的竞争不仅不会给团队带来活力而取得好的绩效，反而会背道而驰，它只能激起团队成员间的不满、怨恨、仇视以及报复等不良心理，这些不良心理最终会表现在工作中，给工作带来极其有害的结果。

领导者要认识到团队成员之间的关系是相互竞争的关系，并不是斗争的关系，并且这种竞争是在理性的基础上。引入的竞争机制一定要科学、公平以及合理等，执行时也要公正、公平。

为了避免不正当竞争，管理者可以采取以下几点措施：①加强团队精神的学习，让大家明白竞争的最终目的是团队的发展，而不是"内耗"。②对竞争的内容以及形式等进行改革，对于一些直接影响员工利益、能产生彼此对抗的竞争项目，可以选择直接删除掉。③转移、淡化员工间的对抗情绪，这个转移点可以是一个共同的竞争目标或"对手"，比如另一家同行业的公司等。④可以组织相关人员开会，把问题讲出来，对于暗算、不协作的行为或者人员进行严厉批评，指出从即刻开始，只有合作才能受到奖励。

总而言之，管理者不仅要为员工创造一个有竞争的氛围，并且这种竞争的氛围是良性的，让团队中的每个员工都有竞争的意识并投身到竞争中，这样团队的活力才能永远不会衰竭，而团队中的每个成员才能始终充满激情地进行工作。

【案例启示】

任何企业、任何人不像机器，能永远保持一个高速、匀速的状态进行工作，都会经历一些周期，当企业或者个人进入倦态期或者表面一团和气，实则乌烟瘴气的状态时，管理者要积极采取措施，要树立员工的竞争意识，引入末位淘汰制或引入"鲶鱼式"人物，但也要注意竞争引起的一些负面产物。管理者需要营造一个良性竞争的氛围，使成员积极地进行工作。

【案例6】
升职没多久的主管跟我说他不适合干主管

【案例】

小艾之前是销售部的明星，基本上月月都是销售前几名。刚入职的小艾很是上进，他一直努力学习他人的经验和销售技巧，提高自己的销售能力与合作能力，以期早日完成职场的华丽转身。有时候觉得压力太大了，自己有些承受不住了，他就鼓励自己说，只要能够顺利升职，自己就可以松一口气了，可以每天听音乐、喝咖啡、优哉游哉，也可以在周末尽情打游戏、旅游，而不是拼命加班。鉴于小艾的努力工作，他终于获得了升职的机会，升了职，可是升职后和他想象的完全不一样，压力却更大了，责任比从前更重，需要处理的事情也比之前要多得多，还经常碰到和下属发生矛盾的状况。一两个月下来，小艾的精神状态有些恍惚，工作中也会出现这样那样的问题，他不禁自问：难道我只能做销售，销售主管胜任不了吗？

【案例分析】

☆ 保持良好工作心态，释放心理压力

当一个人从一个岗位调整到另一个岗位时，或多或少都会出现一些不适应，但有一点不能改变，那就是敬业的心态。如果抱着做了领导就可以享受，轻松过日子，那么不仅不会越做越好，反而会出现很多问题。并且，领导的工作任务更加复杂化、多样化、繁重化，需要付出更多的精力去处理工作。此外，升职的工作本身就具有一定的挑战性，工作中难免会出现对于自己而言的一些新问题，造成一定的心理压力。

职场升职的心理压力也有不同阶段，每个阶段呈现出的症状也不同。

第一阶段会产生失眠多梦、没有胃口、多疑、焦虑等状况，主要是身体上的一些症状。

第二阶段会产生发牢骚、不想上班、无端请假、不断想吃东西等退缩性行为。

第三阶段容易出现脾气特别大、矛盾多、人际关系紧张、破坏性强等一些攻击性行为，程度严重的话，会有一些自残、自杀等对自己的攻击性行为。

如何有效地释放压力，解决这些问题，是每个升职后的"新人"以及管理者都迫切想知道的。

【解决之道】

☆ 正确定位自己

如果你对自我缺乏认识，自己不了解自己，指望别人为你设计升职之路的话，那么升职可能只是一件想想的事情。在老板眼中，也许你平时很努力，给人的感觉也很踏实，但没有展现抱负心的你给老板的印象远远不如会表现的员工，他们得到管理者更多的重视。老总有太多的事情需要处理，没有时间也没有过多的精力考虑到你是不是该升职了。清楚明白自己的优势和劣势在哪里，对自己进行正确的定位，知道自己该干什么，不该干什么，可以做好什么，做不好什么，这样才能够有更好的发展。

同时，升职后，也应对自己的职业有一定的规划，不能放纵自我，只贪图享乐，不再努力拼搏。在面对一些困难、麻烦等逆境时，一定要坚信自己，对自己

有信心，升职即是对一名员工工作能力最有力的肯定和证明，所以要坚信自己能胜任这一新岗位。

☆ 适时适度表达需求

认真工作、努力负责是每一位员工应该做的，这是员工敬业的一种表现，也是员工身上的一种好的品质，是值得一直保持和发扬的。付出多少得到多少也是每位员工应有的权利。在职场中，甘做无名英雄的、只付出不懂收获的做法是不可取的，因为那样只会让员工觉得不公平，从而对工作造成一定程度的影响，比如工作时的心情以及工作的效率等。不想当将军的士兵不是好士兵，这同样适用于职场，每个员工都希望能步步高升，在职场中华丽转身，因此只要你努力工作并且能胜任工作，就有权向管理者提出自己的职业发展规划。将企业发展规划纳入自己职业生涯规划的员工是一位好员工，愿意将员工的职业发展规划与企业职业发展规划相结合的管理者也一定是位成功的管理者。

☆ 升职后人际心理调节

升职后，不再像以前，处理的只是自己的事，还要面临与下属相处的事情，这并不是一件简单的小事。尤其是现在的下属中有以前是平级的同事，那么这种关系就更加微妙了。新晋管理者如何让手下的员工在短时间内服从领导，配合支持是需要深思的问题。这时是考验新晋管理者领导力的时候了，没有领导技巧，领导能力也不强，是不可能带领一个气氛融洽、高效工作的团队的。所以，每一位要晋升的人都应努力提升自己的领导能力，才能应对自如，管好人，管好事。

☆ 升职后负面情绪的处理

每个人都会遇到这样或者那样糟心的事情，都有负面情绪，最主要的是如何面对和处理负面情绪。管理者在面对负面情绪时，要做到：一方面自己能冷静处理，对自己的不好情绪能有效管理；另一方面能正面影响和管理下属的情绪。假如下属有了一些过错，或是陷入对上级不满的情绪时，管理者务必先缓解下属的怒气以及怨气，设法稳定其情绪，同时对自己的情绪也要进行管理。

新晋领导可以通过以下几种方式对负面情绪进行处理：

（1）能量排泄法。对不良情绪所产生的负能量想尽各种办法进行排解。比如，当非常生气，心情非常不美丽的时候，可以找个没人的地方，尽情地大喊大叫几声，或者去参加一些重体力劳动，把心理的负能量转变为体力上的能量释放出去，这些负面情绪也就消失了。

（2）环境调节法。大自然是最好的心灵治愈师，美丽的景色，可以让人忘掉所有的不愉快，让人感到心旷神怡，身心愉悦。融入到大自然中，哪怕只是去看一看，走一走，对心理状态的调节都能起到很好的效果。长期处于紧张氛围的人，应定期到大自然中放松一下，对于保持身心健康、调节身心都大有益处。当一个人被负面情绪所笼罩时，最应该注意的是，千万不要一个人在密闭的氛围中生闷气，这样只会越来越糟。

（3）倾诉疏导法。当人的情绪受到压抑时，不应该一个人钻牛角尖或者一个人闷在一个空间里，而应找一个"垃圾桶"似的人，将内心的苦恼全部说出来，将负面情绪全部倒出去。特别是性格内向的人，自我控制、自我调节达不到什么效果的话，可以找一个对象进行倾诉，这个人可以是亲人、身边的朋友、上司或可以信赖的人，尽情将自己的苦恼倾诉出来。这样做的好处：一方面是自己解脱，你会发现，当心里不再有那么多负面情绪时，会有多放松；另一方面是你的倾诉对象也许能帮到你，不仅仅只是负责聆听，还会给你一些指点以及建议，也许就是因为他的这几句话，你就会茅塞顿开、豁然开朗。

（4）自我激励法。自我激励是人人都可以做到的，是保持心理健康的一种方法，也是人们精神活动的动力之一。比如，在生活或者工作中遇到一些麻烦、困难、挫折、打击，处于逆境时，就可以用一些名人、伟人的言行、生活中的榜样、生活的哲理以及坚定的信念对自己进行激励，心里也默念"我可以、我能行"等，这会使自己产生战胜这些困难的勇气和力量。

☆ 升职后压力的管理

升职后，压力、焦虑、不安、烦躁、对能力的担忧、对同事关系转变的困扰、怕辜负重托的内疚等心理压力也会如约而至，处理不当的话会与日俱增。这是一种正常现象，千万不要认为只有我是这样的，我不行，否定自己。实际上，每个人在升职后都会遇到这类问题，重要的是要学会对自我压力的管理。管理者如果都焦头烂额，整日愁眉苦脸的话，员工也会紧张起来、感觉不轻松。工作中没有压力是不好的也是不可能的，适度的压力会转变为动力，从而促使员工更好地投入工作中，但如果感受到了很大压力，且不能及时进行排解，就会感觉饭也不香了，也睡不着觉了，不要说提高工作效率，做好本职工作就不错了。所以，升职后压力管理的作用可想而知。

新晋领导可以通过以下几种方式对压力进行管理：

（1）倾诉。很多患有抑郁症的人，大多是一开始在遇到挫折、困难、不开心、不顺心或者伤害自己的事时，选择自己默默地承受，闷在心里，时间一长，心里积压的负能量越来越多，自己承受不了了，就会产生精神问题。所以，管理者可以通过和亲人、朋友以及上司等通过促膝谈心的方法，将内心的不快倾诉出来，给内心和大脑留出一定的空间，才能够轻松地工作，愉快地生活。

（2）不断地学习。俗话说，"活到老，学到老。"学习应该贯穿到一个人的一生。学习是为了不断地充实自己、提升自己，这样才能尽快地适应和满足新的工作要求。企业也要重视对员工的培训工作，包括对新晋的领导者的培训，建立持续提升员工能力的机制，培养员工勤学善思的习惯，这将大大提升企业员工队伍的整体素质，企业的业绩也会越来越好。

排解员工心中不好的情绪和压力，能够让员工更愿意为团队工作，这也是管理必不可少的一项工作。这项工作与企业的发展密切相关。作为管理者，不但要对自己的不良情绪和压力进行排解，同时还要勇于分担，乐于排解员工的不良情绪和压力。

总而言之，管理者对于自己以及员工在工作中面临的各种压力要及时进行了解并帮助他们进行缓解。管理者可以从深层次加强人文关怀和情绪疏导，使员工感觉自己与企业是一体的，增强其"归属感"，如此才能将其主观能动性调动起来，激发其工作热情，才有利于企业和员工"共赢"。

【案例启示】

无论升职前后，都应树立一个正确的职业观，要拥有敬业精神，所谓升了职就可以只贪图享乐、不用努力奋斗是不可能的，如果一味地追求享乐，那么离降职也就不远了。同时在升职后，一定要坚信自我，升职是对工作能力最有力的证明，面对工作中出现的一些问题或者处理一些工作时，要坚信自己。压力等随着职位的上升也会不断上升，所以如何处理压力以及不良情绪等非常重要，可以采取倾诉、自我激励等方式进行降压。另外，新晋领导还要通过不断学习等促进自我提升，以最快的速度适应新工作，从而获得工作中的成就感。

【案例7】
交给他我不放心

【案例】

很多企业的管理者总是说："这件事还是我自己来吧，交给他我不放心，累点就累点吧。"领导有意见，员工心中也多有不满："我们既然都是无能之辈，就由他自己一个人干好了。"

管理者这种吃力不讨好的行为表面上是自己能干就干了，实际上是对员工极度缺乏信任的表现。基于信任的授权是激励员工的有效方式，会让员工受到最有说服力的鼓励，因为这是管理者在行为上给予的莫大信任。员工也会充满使命感，努力地完成工作。

【案例分析】

☆ 事必躬亲的管理者只能越忙越乱

很多管理者都认为自己是最棒的，自己能够处理好，很相信自己，对于他人的能力总是产生质疑，认为他人不应如此处理，看不惯甚至不礼貌地干预别人的工作过程。时间一长，会形成不管大事小事，管理者都喜欢管，认为这样就放心了，这种事必躬亲、独断专行、疑神疑鬼的管理者的工作方式可能引发以下一些问题。

（1）管理者的工作量增大。事事亲为，加大了工作量，那些本来属于你的工作时间也白白地浪费在这些琐事上，其他工作可能无法顺利进行。

（2）对自己的工作没有计划，工作内容也没有轻重缓急。如果事必躬亲，将会处于"猪八戒踩西瓜皮，滑到哪里是哪里"的被动局面。

（3）如果事事都由管理者处理，员工长时间在这种工作氛围中会逐渐丧失主动性与积极性。这样的工作氛围中，员工会养成依赖、从众和封闭的习惯，从而丧失主动性。

（4）造成员工心中有怨气。事事亲为，一定程度上对员工的工作造成影响，事无巨细的"魔爪"会严重地挫伤员工的工作热情和积极性，发挥不了员工的工作能力。对此，员工心里不服气，抱有怨言。

那么，管理者有必要事必躬亲吗？要放权吗？怎样放？

【解决之道】

☆ 建立平台，让员工自由发展

一个成功的管理者，往往是营造一个宽松的平台，给有潜质的、有能力的员工提供更多的发展机会，鼓励其去完成一件事，甚至是独当一面，而不是插手，甚至从头管到尾。

韦尔奇说："我的工作是为最优秀的职员提供最广阔的机会，同时最合理地分配资金，这就是全部。传达思想，分配资源，然后让开道路。"这就是"管头管脚"。"管头管脚"即管理者对核心的部分加以把握，并传达给部下，确定工作内容。根据实际情况，选择最合适的人处理，确定工作人选。管理的关键在于发现和培养优秀的员工，并为他们提供一切可以提供的资源。

事实上，很多管理者都像案例中的管理者一样，能替员工做的就替员工做了，能避免出现问题的就尽量自己做。这样的做法会导致员工是温室的花朵，虽出现不了问题，但同样解决不了问题，因为日晒雨淋、自由成长，都让管理者自己承担了。

☆ 选择合适的并不是最好的人进行授权

越来越多的管理者都认为要将自己手中的权力合理地授予员工，使员工拥有更多的权力。但这并不是一件随随便便、简简单单的事情，也不是每个员工都适合被授予权力，因为每个人的能力不同，所以不是每个人都能够达到管理者所要求的目标。因此，要授权给哪些人很重要。反之，人选不合适，不如不授权，否则只会背道而驰。

马云说："我永远不选最好的员工，只选最合适的员工。"案例4中介绍了每个人都有自己擅长的，也有不擅长的，管理者在授权时可以对这方面进行考虑，做到人尽其才，大胆起用精通某一岗位或者行业的人，并授予其充分的权力，使其能够独立做主，学会独当一面，并能激发他们工作的使命感和责任感，能让他们更快地成长。这是管理者实现成功管理的一种方法，也是适应企业发展潮流的必然要求。

☆ 用人不疑，疑人不用

企业中员工的力量是最可贵的，也是最为重要的；反之如果不信任员工，则会严重挫伤员工的归属感及自尊，最终可能导致"一盘散沙"的现象。如果管理者对员工能够做到足够的信任，无疑会增加员工的工作信心、工作的使命感，增强其工作动力，从而促使公司稳步发展。

"用人不疑，疑人不用"是管理者必须要遵循的。如果管理者将一项任务交给员工去办，那么就要充分相信他，才能真正地进行授权。有些管理者表面上授权了，实际上还事事监控，甚至在关键处插手，这都是不信任的表现。信任是一种有力的激励手段，其作用是强大的，直接使员工产生责任感和自信心，所以管理者为何迟迟不肯放手呢？

☆ 授权也有度，要有张有弛

授权也是度的，要有张有弛。成功的领导者要掌握高明的授权法，比如既要大胆信任，又要有一定的牵制；既要把一些权力放给部下，又不能让他们有能为所欲为的感觉。授权并不是一味地不分对象地进行授权，要做到有张有弛。

尽管很多管理者都意识到授权在职场中是一件非常重要的事情，但并不是每个管理者都能掌握好授权的方法，授权不当比不授权造成的后果更加糟糕。当然，授权也并不是件难以做到的事，授权时要注意以下几点：

（1）看准人授权。授权需要根据员工的能力及其他个性特征等进行区别授权。能力相对较强的人，可以多授一些权力，这样既可以把事情办好，又能让员工快速成长。对于能力相对较弱的人，不要立即授予重权，否则可能出现事情不仅没有办好，反而出现更大麻烦的状况。

此外，管理者对授权者的其他个性特征也应进行考虑。比如，一些员工性格外向，大方热情，可以授权让他解决人事关系及部门之间沟通协调的事；一些性格内向、安静内敛的员工，可以授予他分析和研究性工作的权力。

（2）当众授权。管理者在授权时，一定要做到当着所有员工的面进行授权。这样有利于大众了解以下内容：①谁被授了什么权；②权力大小；③权力范围；等等。这样透明的处理方式可以很好地避免出现程序混乱及其他部门和个人"不买账"的情况。

（3）授权要有一定根据。管理人以书面形式进行授权，即留有授权的证据，既可以是手谕和备忘录，也可以是授权书以及委托书，还可以是其他的一些书面形式的授权证明，这样的形式具有三大好处：一是当别人不服时，可借此为证；

二是提醒管理人，以免忘了授权的事情；三是明确了其授权范围后，既限制下级做超越权限的事，又避免下级将其处理范围内的事上交，以请示为由，貌似尊重，实则用麻烦新管理人的办法讨好新管理人。

（4）短时间内不可以将授出的权力收回。不宜短时间内将授出的权力收回；反之，会产生三个不好的现象：①等于向其他人宣布了自己在授权上的失误；②容易让员工产生一些误会，认为管理者虽然授权了，但并不放心，所以才将权力迅速收回，有一种不信任感以及被欺骗感；③将权力收回后，如果这项工作的处理结果更差，则更会产生副作用。

所以，当管理者遇到在授权一段时间后，被授权者表现平平，甚至表现不佳时，正确的做法是积极进行适当指导，或者创造一些有利条件让人以功补过，而不是立刻收回权力。

（5）授权忌把责任推给被授权者。权责对等是组织管理中的一项原则，但授权却不遵循此原则。权责对等实际上是指有多大的权力就有多大的责任，但授权并非如此，被授权者并不需要承担对等的责任。原因是管理人授权的实质是请被授权者帮助他完成一项工作，是一种委托行为。授权后，如果被授权者把委托的工作完成得很好，管理者应给予被授权者一些奖励和表彰；反之，如果被授权者表现不佳，并没有完成工作，管理者也应该自己承担责任，而不是将责任推给被授权者，这一点管理者是要清楚明白的。

（6）大权独揽，小权分散。很多人认为，管理人能够授出的权力越多越好。这在某种程度上来说是对的。但这并不等于管理者要将所有权力都授出去，而自己没有任何权力，如同一个傀儡。这样的话，公司要你有何用呢。在授权问题上，有的权多授好，有的权少授甚至不授更好。总的来说，管理者应大权独揽，小权分散。

【案例启示】

信任是管理者与员工之间合作的基础。管理者要学会授权，让员工学会独当一面，但在授权的同时要注意以下几点：①选择合适的人选进行授权。②做到用人不疑，疑人不用。③授权有度，要有张有弛。每一个成功的企业管理者，都应该教育自己的员工增强责任感，学会独当一面，就像培养他们的其他优良品质一样，这也是管理者获得长久、有效的激励效果的最佳途径。

【案例8】
小冯呀，我今天要骂骂你

【案例】

江西南昌的马总把团队中的小冯叫到了办公室骂了一顿，然后说："小冯，我骂你的原因，你应该也知道，我一直比较器重你，你一直干得都不错，你的业绩尽管高居榜首，但作为公司中的骨干人员，你应该达到一个更高的水平，而且是有能力达到的，但你离我给你定的目标还是有差距的。所以我骂你，你不觉得委屈吧。"最后，马总给小冯总结了出现业绩目标没有完成的原因以及工作中的一些不足，给出了一些解决建议。小冯对于马总的指导，非常感动，尽管挨了骂，但下定了明年要创新高的决心。一年后，小冯用实际行动证明了马总的话，小冯做到了，创了业绩的新高，没有辜负马总的厚望。

【案例分析】

☆ 骂人也要讲究时间、地点及方式

不能不分时间、不分地点、不分方式对下属进行训斥或者批评，骂人也是要讲究艺术的。马总在年终总结时把小冯叫到了办公室，这样做的好处在于：一方面骂小冯是有一定理由的，小冯并没有完成预定的目标；另一方面不会给其他员工造成误解，即小冯已经是业绩的第一了，怎么还会挨骂。马总尽管对小冯进行了责骂，但并没有伤害到小冯的自尊心，因为马总说"我一直比较器重你，你一直干得都不错""你应该达到一个更高的水平，而且是有能力达到的"，这对于小冯来说，马总是肯定他的，并且对他寄予厚望，所以这就很好地缓解了尴尬的气氛，也并没有打击到小冯的自尊心和工作的信心。

【解决之道】

☆ 管理者要有一颗宽容的心

容人之短不是允许下属犯错误，而是不计前嫌，不以短作为用或者不用的标准。对于下属做错的地方，该采取一定的处罚措施一定要执行，不能对于犯错误的下属有所放纵。

管理者拥有一颗宽容的心，可以从以下几方面着手：

（1）要有接受下属抱怨、诉苦的雅量。如果管理者过于心胸狭窄，不能接受下属负能量的反馈，对下属负能量不能及时地帮助其解决，就会影响其工作。

（2）对于下属一些无心的过失，要懂得包容和宽恕，不要过于苛责。

（3）不能总是让自己喜欢的人干一些事，这样会出现一些偏差，从而对工作造成影响。应集合各种性格的人，集体贡献智慧，才能促进企业更好的发展。

（4）不要随便发火，让下属难堪。一些管理者的火气很大，可以不分场合、不分时间劈头盖脸地对下属进行责骂，让下属极其难堪。这样不仅不会解决问题，反而会埋下"仇恨"的种子，一旦有机会，种子便会发芽，给企业带来很大的伤害。

☆ 管理者应帮助员工分析问题、解决问题

员工在遇到一些棘手的问题或者情况时，受到一定的挫折后，管理者与员工都应该冷静下来，对员工所处的状态进行深刻的分析，认识到员工工作中存在的不足，目的是减少今后工作中出现问题，从而不断提高员工面对困难的应变力和解决能力。管理者要善于利用下属受挫的时机，通过各种手段对下属进行教育，让员工在各个方面成熟起来，要让员工学会自己总结经验，自己分析失败的原因，同时鼓励他们，给予他们克服困难的信心。

管理者要注意观察当员工接受了你的批评之后，他的面部神情以及态度如何，如果还是愁眉苦脸，则说明激励效果并没达到预期效果，证明管理者的激励方法存在问题，这样的激励只会带来副作用。

☆ 管理者帮助员工设定目标并且引导其实现目标

管理者为了帮助下属取得预先设定的效果，在设置目标时必须注意以下几方面：①目标必须是具体的；②目标是可以衡量的；③目标是可以达到的；④目标与其他目标具有一定的相关性；⑤目标是有时间期限的。例如，公司去年的业绩

是 100 万元，今年目标是 3000 万元，这样的目标是不切实际的，目标的设定必须是呈阶梯的，符合实际的！无论是团队工作目标的制定还是个人工作目标的制定，都应该遵循这几个方面，缺一不可。

此外，管理者要加强对下属的培训，提高他们个人的工作能力，并在其遇到一些困难和挫折时，给予一定的建议和信心，引导他们实现目标。

【案例启示】

有能力的人都有犯错的时候，关键是管理者以及员工在受挫时的态度以及所采取的解决方式方法。管理者首先要做到包容员工及其所犯的错误，其次要帮助员工分析问题、解决问题，最后要引导和帮助员工设定目标并且引导其实现目标，这样才能提高员工工作的积极性和工作的热情，使其全身心地投入到工作中。而"骂员工"这种方式也能起到独特的激励效果，可以激励员工克服挫折、再创新高。但是要避免一些不分场合、不分时间地对员工进行批评教育，反而背道而驰，酿成更坏的结果。

【案例 9】
带员工出去玩，给员工福利，就是不知道满足

【案例】

河南商丘的秦总年底时自费让公司的员工到泰国游玩 5 天，包吃包住，求的就是个开心。秦总希望通过这次出国游玩，慰劳一下员工一年来做出的努力和贡献，也希望通过这次游玩能鼓励他们明年更加努力地工作。但让秦总没有想到的是，员工在背地里早已议论纷纷，这些议论也早已传到了秦总的耳朵里，比如"今年我取得业绩最多，结果不还一样，没业绩的也一样可以出来玩啊，这样的话，是不是有失公平，是不是我应该得到更好的福利待遇""我虽然业绩平平，但我也一样努力地工作啊，凭什么有些人就说不该让我们来"。最后，这些不悦之色甚至直接表现在了员工的脸上。秦总感到非常郁闷，自己掏钱让员工出来玩，

给员工福利，钱就不说了，还造成这样的一个结果。这些员工怎么就不知道满足！

【案例分析】

☆ 员工认为是应得之物

现在在员工的眼中，福利就是自己"应得之物"。在员工的心里，这些福利是老板应该给我的，我不需要对你感恩戴德。福利品在以前象征着企业领导者对于下属的承认和关怀，但现在员工认为这都是管理者应该给的，如果管理者不给员工福利，就会遭到员工的唾弃。

以前物质匮乏的时代，如果给员工一定的福利，会让员工感觉好像是雪中送炭、春风化雨一样，在那个年代，如果对下属员工多一点物质关怀就可以让他们忠心地随着自己征战商场。

【解决之道】

☆ 管理者区别"奖励"和"福利"

很多管理者没有把福利和奖励区别开，就会出现上述案例中的情况——老板花钱不讨好。从员工的角度看，福利是老板应该给的。福利的对象是面对整个公司员工的，包括公司高管、清洁阿姨以及门卫大爷，大家都是一致的。

奖励与福利有着本质的区别。父母常常会对孩子说"你这个月考试得了满分就给你奖励"，奖励带有激励的意义，有着特殊的含义。

秦总没有区别奖励与福利。组织员工集体旅游这件事上，抱有"你好我好大家好"的想法，虽然花了大价钱组织全员旅游，却招来员工的抱怨，并没有达到秦总想要的效果。

☆ 长远眼光看待这两者

奖励与福利，延伸看是竞争与公平的象征。团队员工彼此竞争，自然会取得好的效益，奖励就犹如双色球的奖池一样不断扩大。福利所代表的公平就像是一个创可贴，不仅可以安抚败者的心理，还可以让公司里的"井底之蛙"闭嘴，免得再生事端。

管理者要想让企业中的员工不为所谓的奖励和福利争得头破血流，那么，领导者要有长远的眼光，要懂得区分两者。其实就秦总的公司来说，可以设置一项福利：第一名奖励欧洲 10 日游，这往往比矫揉造作的手法更为实在。公司只对业绩最好的员工进行奖励，可以达到激励其他员工的目的。

【案例启示】

对于员工而言，奖励的诱惑比福利更大。如果奖励足够丰富，自然会有人前来挑战，毕竟人类的欲望是无限的，犹如无底洞窟，管理者要敢于提出业绩目标、设立奖赏，而且要让自己的员工明白只有勇士可以享受奖励，福利只是安慰员工的一种手段！

第二章

团队股权

股权是指股东基于股东地位、可向公司主张某种权益或承担一定责任的权利。股东是股权的主体，股东可以是自然人，也可以是法人。

股权也是一项权利，可以根据不同的角度进行分类：

（1）自益权和共益权。这种分类是根据股权设立目的而设置的。自益权是指为股东自己的利益而行使的权力，比如剩余财产分配请求权、新股优先认购权以及股息和红利的分配请求权，等等；共益权则是股东为公司的利益而行使的一些权力，这些权力包括请求召集股东会的权力、表决权、账簿查阅请求权以及请求判决股东会决议无效的权力，等等。

（2）普通股东权和特别股东权。这种分类是根据股权主体是否有特殊性进行分类的。前者指一般股东所享有的权利；后者指特别股东所享有的权利。

（3）单独股东权和少数股东权。这种分类根据股权的行使是否达到一定的股份数额为标准。单独股东权是指股东一人就可以行使的权力，包括一般的股东权力；少数股东权是指其股份数额并没有达到一定的股份数额，没有行使某些股东的权利。

有限责任公司的股东之间是可以将股权转让的，全部股权或者部分股权都可以。如果转让的对象并非是股东，则需要半数股东同意之后才能转让。如果有超过半数股东对于转让持反对意见的话，则这些持反对意见的股东就要购买该转让的股权，如果这些股东也不购买的话，则就可以看作是同意转让。

有限责任公司在股东相互信任的基础上成立。依据我国《公司法》，自然人股东死亡后，是可以合法继承股权的，但是，公司章程另有规定的除外。

关于股权的理论和知识还很多，在此不一一进行叙述了。

【案例1】
我是老板，他是员工，怎么能颠倒

【案例现象】

甘肃兰州的江总说公司里最近跟着他干了很长一段时间的一位老员工要离职，尽管江总认为他已经用了很多的激励方法留住这位老员工，但这位老员工还是执意要离职。我就问江总员工离职的原因是什么？江总回答说，他在这里工作不错，在外人眼里工资高、公司福利好，但对未来看不到什么发展前景。江总解释说，他工作努力认真，他现在的工资在业界已经很高了，三两年内，只要他提出加薪的要求，我都会给他涨，但是涨的幅度不会很大，这点他很清楚。

我就对江总说，可以对这位员工实施股权激励，因为这位员工是有工作能力以及工作抱负的，如果能和企业一起发展，是可以实现共赢的。在这个过程中，企业发展得好，当然他也会分得更多的利润，何乐而不为呢？江总听了我的建议，说："我是老板，他是员工，给他股权，就等于让他做了老板。但老板就是老板，员工就是员工，怎么能颠倒呢？"

【案例分析】

☆ 思维误区

实际上也许有很多人会质疑，会有案例中的这种思想吗？我可以肯定地回答，有这种思想的人还不少。实际上这是一种思维误区，老板就是老板，而员工就是员工，这是传统的经营思维。

☆ 这种思维下企业的老板与员工

实际上有这种思维误区的老板都会感觉很累，因为他们认为自己是企业的真正主人，企业需要自己操心。而员工只是听自己命令做事的人，他们是没有积极性、主动性以及热情的。在员工的眼里，公司也不是自己的，是老板的，自己不需要对企业的亏损或者盈利操心，只要自己能拿到工资就可以了。

实际上，如果企业的老总是这种思维的话，就会导致老板看待员工，只看到他的业绩，根据业绩进行薪资的发放。而员工关注的点也只是公司的绩效指标，什么和薪资挂钩，就会做什么，其他的不会去考虑，包括企业的整体利益，更别提企业的长远利益了。

实际上这样做只会让老板更累，公司的人才也得不到发展，公司的发展也更加缓慢。

【解决之道】

☆ 转变经营思维

这家企业究竟是谁的，谁来操心这家企业？实际上这和企业的管理者息息相关。如果企业的管理者认为企业就是自己的，那么就只有自己对企业全心全意地付出。如果企业的管理者认为这家企业是员工的，那么员工也会付出精力和时间去经营公司。如果企业的管理者认为企业是社会的，那么社会大众也会关心企业的。所以说，企业是谁的，就看管理者的思维。

如果员工有了企业的股权，那么员工就是企业的老板；如果经销商有了企业的股权，那么经销商就是企业的老板。这样的话，就没有真正意义上的员工和老板了，员工与老板之间的界限就比较模糊了，企业将进入一种无边界的管理范围。

实际上拥有企业股权的人，不仅可以获得更多的利润，同时也要承担更多的责任，又会有更多的归属感，全身心地投入工作中，为企业取得更多的业绩，为企业赚取更多的利益，从而自己也可以获得更多的利润。他们不仅为自己在争取利益，同时也推动了企业的发展。

如果说企业的老板将自己的股权稀释了，实际上是与其他人进行了利益捆绑，老板的担子被别人分担了，老板可以获得一定的自由和解放。

如果外部老板成了你的员工，他们也会为企业以及企业产品等进行宣传，这在某种程度上，颠覆了传统的经营思维，但会让企业发展得更加容易。

股权激励的对象可以是员工，可以是竞争对手，也可以是合作者，还可以是其他很多人，凡是与公司利益有关的人，都可以是股权激励的对象。通过推行股权激励，可以让企业发展得更快更好。

☆ 对股权深入地了解

有这种思想的企业老板一般对股权都不太了解，更别提让他实施股权激励了。

股权之所以具有吸引力，能够调动大家的热情和积极性，主要是因为它具有财富效应。尤其是企业在融资和上市的过程中，这种财富效应更加明显。

股权实际上也是一种无形的权益凭证。为什么这样说，是因为有了股权，便可以获得相应的收益。在公司章程允许的情况下，股权可以退出套现、质押贷款等。

股权也具有稀缺性。一家企业的股份是100%，当别人有20%的时候，你有80%；别人有60%的时候，你就只有40%，所以企业的老板要注重企业股权激励方案的设计，当有投资人要进入的时候，应该对所有持股人的股份进行同比例稀释，并不是直接对创始人的持股比例进行减少，从而保证自己的股权控制地位。

股权还可以集各种权力于一身。有了公司实股的员工，可以拥有对应的权力，比如收益权、分红权、经营权、表决权、所有权等。即使一些人的股权比例非常小，企业也不能剥夺他们的权力。

【案例启示】

一些企业的老板存在思维误区，认为自己就是老板，手下的员工就是员工，怎么可能他们也是老板呢？实际上这是一种传统的经营思维。对此，企业的老板要转变自己的思维，认识到股权激励的作用，让员工与你风雨同舟、实现共赢，这不仅会促进企业不断取得发展，员工在这个过程中也可以获得更多的利益，从而为企业付出更多。

【案例2】
已经给核心员工很高工资了，还是没留住他

【案例现象】

湖北武汉的苗总抱怨说，公司里的一名工作将近 10 年的老员工，却因为别的公司给的薪资高就离职了。从公司的三两个人到现在的上百人，可以说我们一起经历了很多风风雨雨，一起承担了很多，这个过程中虽然他为公司贡献了很多，但我对他也不差啊。"在公司里给他薪资是最多的，过年过节都给他家送礼物。他过生日的时候，我都单独请他吃饭，他却觉得我给他的待遇不好，跳槽到其他公司。他怎么就不知道感恩呢，真是白眼狼！"

【案例分析】

☆ 正确看待员工离职

每一个企业管理者都应该正确看待员工离职这个问题，因为在企业的发展过程中，不可能入职的员工都会和企业一起前行，他们因为这样或那样的原因而离职。所以，管理者要正确看待员工离职问题。但是高管级别员工的离职，不仅会对企业造成很大的经济损失以及人才流失，让管理者很头疼之外，更让管理者想不通的是自己平日里对这些核心员工以及高管级别的员工很好，给这些核心员工以及高管员工的薪酬也已经是公司里最高的了，在业界不是最高，但也不低了，为什么他们还会跳槽，怎么就留不住他们的心呢？实际上，中国有句俗语说得特别好，"有钱能使鬼推磨"，员工面对更高的物质诱惑时，他当然会选择更高的，每个人都有追求更高的物质享受的权利，这也是每个人都会做的选择。因此，这不能怪员工，只能说你给员工的钱没给到位而已！

实际上每一个员工离职，都会有各种各样的原因，总结一下，无非有主观原因和客观原因两个因素。

主观原因有以下几方面：①为了实现自身的价值。这份工作有可能并不是员

工真正想干的，当有机会实现自己理想的机会时，就可能会出现离职状况。2015年4月14日，一封辞职信可以说引爆了微博、朋友圈，引发了广大网友的热评，辞职的理由仅有10个字："世界那么大，我想去看看。"这封辞职信也被称为史上最具情怀的辞职信，没有之一。这位女教师这封辞职信火爆的原因之一就是她追求自己的理想，而她的这个理想是很多人想做却不敢做的。②家庭因素。很多员工离职，可能是由于家庭因素，比如：家人去世，心情上难以接受，选择离职休息一段时日，安抚自己的内心；家人生重病，需要花费很长一段时间以及精力来照顾，所以选择离职。

客观原因也有很多种情况。比如企业发展空间有限，公司规模小，员工感觉在这里看不到未来发展的方向，在这里能力也得不到提升，希望寻求更大的发展空间和平台；与同事、上级等人际关系紧张，很多企业内部人际关系复杂，部分员工认为，这样的企业环境不利于自我发展，选择离职；薪酬没有达到员工的要求；等等。

实际上为什么员工会选择离职，企业留不住这些人，根源是这些员工的目标和公司的目标不一致，发生了偏差，导致了利益冲突点。这时候需要员工或者管理者做出一个让步，要么管理者让步，要么员工让步，而大多数的时候是员工让步。让步的方式就是离职！

☆ **为什么核心员工的离职让管理者很头疼**

如果公司里或者说团队中离职了一个核心成员，那么会很长一段时间内让管理者不能释怀，想不通这个人为什么离职。为什么核心员工的离职会给管理者造成这么大的困扰？核心员工的离职会让企业的工作链出现断裂。如果这个离职的员工在某个岗位工作了很多年，他走后，招聘的新员工在该岗位需要磨合一段时间，并且对岗位的熟悉程度在短时间内达不到老员工的程度，那么这个阶段内必然对企业经济利益造成损害。另外，企业的培训成本增加了。培训一个员工不仅需要很大的人力，还需要很大的物力，一个老员工离职，要从零开始对新员工进行培训。这无形中增加了企业培训的成本。

【解决之道】

☆ **采取股权激励**

如果老板无法成就员工，员工自然会选择离开老板和企业；企业如果无法成就投资者，投资者自然也会弃企业而去。实际上股权就如同筹码。当企业的老板敢于用股权成就员工时，员工自然会留在企业和老板身边。当企业敢于用股权成就企业外部的有相关利益的人时，外部资源自然会围着企业转。

一方面，对于企业来说，发展到一定的规模时，需要对员工采取股权激励的模式。那么股权激励到底是什么？股权模式的实质是让有股权的员工当企业的主人，参与到企业的管理工作中，通过群策群力的方式，集体为企业的发展出谋划策。通过对员工采取股权激励，有助于公司的决策等更加透明，在一定程度上防止了企业集权现象的发生。因为股权人多，整个公司决策权、财产使用权等会有更多的人参与其中，这在一定程度上保障了公司决策的透明性、公正性，防止发生集权现象。

另一方面，对于员工来说，有了股份的员工自然会把企业的事看成自己的"家事"，会百分之百投入工作，为企业做贡献，为自己赚取更多的钱。股权激励实际上也拉近了员工、股东以及企业之间的距离，让三者融为一体，荣辱与共。如果企业发展得很好，三者可以共同获得利益；如果企业发展不好，亏损了，三者将共同亏损。

股权激励的实施可以让员工分享企业在发展过程中带来的收益，促进并增强了员工的认同感以及归属感，激发了员工的热情、积极性及创造性。企业通过实施股权激励制度可以有效地吸引优秀人才，为新员工预留同样的激励条件，给新员工很高的利益预期，对于他们来说具有很大的吸引力和诱惑力，从而能聚集大量的优秀人才。对于高级管理人员来说，未来高额收益也同样具有很大的诱惑力和吸引力。对有理想的高级管理人才来说，更重要的是一个有自己份额的事业平台，是实现其自我价值最适合的选择。

☆ 用股权留住核心成员

企业发展到一定阶段，需要采取股权激励，股权激励可以让员工拥有决策权，并且与企业共同进退。科学有效的股权激励就如同企业的发动机，很大程度上可以激发员工的工作热情，让员工为企业发展心甘情愿地贡献。

"天下没有白吃的午餐。"这句话相信每个人都很熟悉，股权激励当然也是如此，任何形式的股权激励都是有条件的，如规定购买股份的员工在多少年内都不能离职等。这就对工作多年的企业高管以及核心成员具有一定的牵制作用，你想要获得更多的利益，你受到的限制越多。因此，采用股权激励的方式对于稳定高管以及核心成员来说具有很大的作用。这也就很好地解决了苗总的问题，核心员工想要更高的薪酬待遇，苗总可以通过给予他一定股权的形式实现，同时对他也要有一定的约束。因为，如果不采取这样的方法，就不能吸引行业内顶尖人才，同时也会让内部核心人员有离职的想法，有可能造成人才流失，给公司带来损失。

【案例启示】

工资、奖金和补贴是员工薪酬组成的基本因素，但这些仅仅只能满足员工短期的利益需求。股权激励能促进员工长期潜在收益的提高，维系公司的平稳发展。必须对员工做出长期考察，确保其对公司的忠心后，才能适当给予公司股份。

【案例3】
我的公司适合给员工股权吗

【案例现象】

江西上饶的尤总说，最近这半年内，有两名工作了几年的高管相继离职了，已经给他们业界很高的工资了，过年过节的时候也给他们准备礼物，可以说对他们真的付出了很多，没想到他们还会离职。我也考虑给这些高管一些股权，用股权激励他们全心全意地为公司贡献，但我并不知道，我的公司适不适合给员工股权。

【案例分析】

☆ 什么样的企业适合实施股权激励

实际上，每一家企业的管理者都希望员工全心全意地为公司服务，为公司贡献自己的力量。当然，股权激励只是有效的激励手段之一，但有些公司的管理者可能会质疑，我的公司究竟适不适合给员工股权呢？

什么样的企业最适合实施股权激励呢？有很多企业家的回答可能是上市公司。上市公司在实施股权激励的时候有其先天优势，由于有先天的股票价格，比较容易行权、套现。但是，从激励效果来考虑的话，非上市公司往往更适合实施股权激励。

为什么说非上市公司更适合实施股权激励呢？一方面，因为股市涨跌对非上市公司股权激励的影响可以避免，更能真实地反映员工的努力、付出程度；另一方面，非上市公司成长空间往往比较大，因为非上市公司处在企业的发展阶段，有利于调动员工的工作激情。

☆ 企业的发展阶段

企业发展一般要经历三个阶段，下面对三个阶段以及每个阶段的特点进行简单的介绍。

第一阶段是经营权和管理权。经营权和管理权都是由一个人掌握，简单说就是"一人分饰多角"，一个人要承担很多种工作任务，比如财务、人事等工作都是由管理者完成的。

第二阶段是职能化分工。当企业不断发展，有了一定的规模以后，管理者要招兵买马进行扩员，每个员工都要权责分明，使公司朝着更加制度化、科学化的方向发展。

第三阶段是满足员工的长期发展利益。随着企业的不断发展，员工的整体素质不断提高，短期的收益已经不能满足员工的需求了，他们的关注目标是长远的发展利益，因此管理者在企业发展到第三阶段时一定要对员工做股权分红的改造。

【解决之道】

☆ 企业发展良好

为什么有些企业采取股权激励后，能够收到很好的激励效果，我想这与企业发展是分不开的。企业的股份一定对激励对象产生了很大的吸引力。设想一下，如果企业发展的态势很不好，那么股份对员工也没有什么吸引力，即使股权激励做得再好，对员工的激励也不会收到太大的效果，反而会给员工造成一定的误解：公司缺钱了，老板在想方设法地克扣他们的钱。

所以，在对员工采取股权激励之前，管理者必须要让公司的股份有价值或者说对员工有很大的吸引力。这需要公司的发展态势很好，有良好的运作模式、有好的发展空间，公司现在的"吸金"能力很强，即使现在赚的钱不多，也要让员工心里明白在不久的将来公司能赚到很多钱，公司正蒸蒸日上，价值不断提升。

如果公司原本的发展态势就不好，商业模式也具有一定的局限性，这些高管和核心成员即便为了公司努力拼搏，也很难推动公司的发展，使其突破瓶颈，更不要说快速发展了。这好比让你在3天之内长高10厘米，就可以给你很多很多钱，这不是任何一个人能办到的，这个例子或许夸张了一点，但实质是很多事情不是只靠激励就可以完成的。如果一家企业的发展态势不好，在发展的过程中出现一些大问题，比如商业模式出现了问题，如果此时管理者没有意识到问题的本质，不花点心思实行商业模式创新而采取一些没有作用的措施，是不会有什么效果的。事实证明，成长性较强、商业模式较好的公司往往更适合采取股权激励，能够取得更好的激励效果。

☆ 人力资本依附性高

股权激励是对人力资本的再次开发，所以在实施股权激励之前，需要对公司的人力资源战略进行重新审视。

一般来说，依赖政府资源、银行资源以及土地资源等企业，这些企业对人力资本的依赖性比较低，不适合实施股权激励。股权激励的实施对企业的发展并没有太大的影响，所以意义也不大。

如果是培训公司、高科技企业以及其他服务型企业等，这种公司的命脉一般建立在人才基础上，对人才有非常高的依赖性，那么企业为了有效激励人才，激发他们的热情，使其献策献力，就有必要对他们实施股权激励，促进企业快速发展。

☆ 管控模式到位

企业的管控模式怎么样，要看公司是否已经建立或完善治理约束制度，公司的内控系统能否对股东的资产和权益有所保障，使他们的资产和权益都不受侵害，激励对象所获得的股份权益是否能与他们所付出的努力程度相一致，等等。只有企业的管控模式做到位了，管理者才能考虑实施股权激励。

良好的管控模式的建立，不仅需要完善公司治理结构，还需要做好激励对象的监督、考核工作。

【案例启示】

股权激励的实施对于企业内部员工具有非常积极的作用，但有些公司给出的答案并非如此，它们认为股权激励的效果并不佳。还有些企业管理者在犹豫要不要对员工实施股权激励，等等。那么，究竟什么样的企业适合做股权激励呢？一般来说，对员工实施股权激励的效果会比较好，企业需要满足以下三个条件：第一个条件是企业发展态势良好，第二个条件是企业对人力资本的依附性比较高，第三个条件是企业的管控模式良好。

【案例4】
来了一两年的骨干销售适合实施股权激励吗

【案例现象】

浙江杭州的潘总说，他的企业中前年来了一个销售小薛，干得非常好，不仅业绩在所有销售人员中名列前茅，在平时的工作中，也能帮助其他同事，向其他同事分享他的销售经验，可以说，虽然他来的时间相对来说不是很长，但在销售部门来说，可以算是一位骨干销售人员了。但最近的一个问题是，公司做了一些改革，企业的发展方向有了一些新变化，销售产品也与之前的不一样，他与公司发生了分歧，意见不一致。他认为这个产品并不符合市场的需要，三番两次地找到我，向我表达他的看法和担忧，认为企业如果销售这个产品，并不会取得发展。潘总问我："和小薛聊天的过程中，我能感觉到他对未来的担忧，实质上也是担心企业发展的一种表现，我很担心他离职。我是将他作为管理层人员培养的，他的能力很强，我相信以他的能力也能够把新产品的销售做好，所以说如果用公司的股权来激励他，你认为怎么样？"

笔者就问潘总："不管他能力如何，如果企业发展的方向向东，但他不信任企业的决策，与企业发展的方向不一致，他偏不向东，你认为他会和企业一同发展吗？他离职也是必然的事情。"

【案例分析】

☆ 什么样的员工可以给予股份

有些管理者实施了股权激励，但在股权激励实施的过程中，难免会遇到股权激励实施的对象是谁的问题。这个员工值得我把股权给他吗？这个问题也常常困扰着管理者。那究竟什么样的员工适合管理者将股权交给他们？笔者认为以下三类人管理者可以考虑将股权给予他们。

（1）认同公司发展方向的员工。如果一个员工质疑公司的发展方向和发展前景，没有足够的信心跟着企业一起发展，那么这个员工随时都可能会跳槽到其他公司，对于这样的员工坚决不能给予股份。

（2）对于企业的文化、使命以及价值观等认同的员工。如果连公司文化、使命以及价值观等都不认同，这样的员工必然不会与公司并肩前行。

（3）工作多年、经验丰富的核心人才。一些基层的店长、大区总经理等，这些人经验丰富，掌握着公司的很多内部信息，同时对于公司的发展有着非常重要的作用，这样的员工可以给予股份。

☆ 股权激励的对象并不是每一个员工

股权激励虽然可以提高员工的福利待遇，但股权激励的对象并不是指公司里的每一位员工，而是有一定的激励对象。并不是公司里的每个人都可以享受这个福利，股权激励的作用是拉动企业绩效的动力。管理者不能采取"撒胡椒面"的方式实施股权激励，要避免在实施股权激励的过程中出现一些不好的现象，比如"搭便车""大锅饭"等。

严格量化股权激励对象的资格确认、权利行使条件等，界定行权条件时，从严考量公司的业绩以及激励对象的个人业绩，过宽的业绩条件不利于调动员工的积极性，还容易引起非股权激励对象的非议。

管理者需要注意的一点是，并不是企业里的每一位员工都是股权激励实施的对象。一般来说，企业的管理层是实施股权激励的优先考虑对象。

【解决之道】

☆ 企业的股权激励对象分析

由于上市公司和非上市公司的激励对象有所差异，这里只对非上市公司的股权激励对象进行介绍和分析。

事实上，实施股权激励对象的确定有三种方式：一是管理岗位上的经理层认定；二是关键岗位上的工作人员认定；三是董事会的主观认定。企业的激励对象主要包括三个层面：一是战略决策层，二是经营层，三是骨干层。具体来说，可以包括的人员如下：

（1）公司董事、总裁、副总裁以及财务负责人。

（2）中高层管理人员、部分副经理级别以上的核心业务骨干员工。

（3）核心技术人员。

（4）优秀的销售骨干员工。

（5）其他公司董事会认为对公司长远发展具有非常重要作用的人员。

☆ **不同人员的股权激励额度分析**

在此还要说明一下，管理者千万不要认为，只要符合股权激励的员工，都采取一样的股权激励方式，实质上这是一种错误的想法。员工不同，其股权激励的额度也应不同。这主要是根据被实施股权激励的员工在企业发挥的作用所决定，考虑的主要因素包括人力资本价值、人的能力级别、历史贡献、岗位价值、忠诚度、难以取代程度以及难以监督程度，等等。

企业战略决策层尽管人数不多，但激励的力度相对来说比较大。相比其他员工，其激励的强度和激励的额度都会高出许多。企业战略决策层的激励一般采用股票期权激励的形式。

企业战略实行的关键岗位是企业经营层，激励力度相对来说比较大。对他们进行股权激励的形式可以是业绩股票、期股、限制性股票以及股票期权等。

相对企业决策层和企业经营层，企业骨干层的激励力度会稍微小些，企业骨干层的激励工具一般是虚拟股份、岗位干股或者组合式等。对于本部门的管理者来说，采用以本部门的业绩为激励目标的激励方式，会达到意想不到的效果。

【案例启示】

管理者在对员工实施股权激励时或许有一个问题对他造成一定的困扰——这个员工值得不值得给他股权。一般来说，可以采用股权激励的人员包括企业管理岗位上的经理层、关键岗位上的工作人员及董事会主观认定的人员。此外，管理者还需要注意的是，不要认为企业中的每一位员工都是实施股权激励的对象，股权激励的方式由于员工的不同也是不同的。

【案例5】
如何对该员工持续实施股权激励呢

【案例现象】

湖南长沙的王总最近向笔者诉苦，说公司里的一位管理层的经理来公司有好多年了，一直跟着企业发展，所以前两年就给了他一些股权，是为了能够留住他，也为了激励他，让他为企业做出更多的贡献。但随着时间的流逝，王总说，这位经理似乎工作的积极性不高反而下降了，给他股权后的一段时间，确实是干劲十足，但不知道是他年龄越来越大，没有更大的工作心的原因，还是其他原因，导致他工作状态平平，真是令人烦恼。

笔者就问王总："你认为给这个人股权了，就可以不用再激励他了吗，他就会一直努力工作吗？实际上股权确实能够激励他工作，但这个也是有时间限制的，所以你要学会对员工持续进行股权激励，并且还要注意持续进行股权激励的方法。"

【案例分析】

☆ 员工不同，股权激励方式也不同

实际上，每个岗位的员工并不是一样的，这个人也许曾经做出了很大的贡献，现在做的贡献并不多，犹如明日黄花；这个人也许目前为企业做出很大的贡献，属于事业的上升期，犹如时下英雄；还有一些员工正在积累经验和知识，正默默地成长，对企业未来的发展可能会做出卓越的贡献，属于明日之星。那么对待这三类员工，如果管理者要对他们实施股权激励，应采取怎样的激励策略和方式呢？实际上，对"明日黄花"，管理者可以采用"金色降落伞"，让其平稳着陆；对于时下英雄，管理者要打造"金手铐"激励他们取得更好的业绩；对于明日之星，管理者要给他们搭建"金色舞台"，帮助他们不断成长。

【解决之道】

☆ 逐步强化激励，锁定人才

实际上，企业的激励方式也是随企业的发展而不断变化和发展的，无论是对员工个人还是团体，都应该在不同的阶段有不同的激励方式，比如一个员工，在满足了其物质需求后，可以采取精神激励等。实际上，股权激励也是如此，在对员工实施股权激励后的每一个阶段，可以采取不同的股权激励方式，以确保所采取的激励方式有效。实际上，进阶式股权激励是一种逐步强化、延迟行权的长期性股权激励方式。对于"明日英雄"和"时下英雄"两种类型的员工来说，企业需要长期激励他们，以激发他们最大的潜能，使他们发挥出最大的才能，不仅能够使他们在这个过程中获得成长，也能够推动企业的长远发展。

☆ 进阶式股权激励的具体设计

很多企业在做股权激励时，首先会为高管以及核心员工设计"一三五进阶式"的股权激励方案，如图 2-1 所示。然后在企业的发展过程中进行下一步的激励。

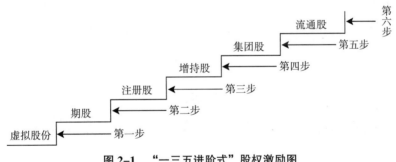

图 2-1 "一三五进阶式"股权激励图

"一三五进阶式"股权激励方案的具体设计思路：1 年在职分红+3 年滚动股票期权计划+5 年分期行权逐步解锁。

激励对象通过 1 年时间的身股分红激励，得到公司的认可；这时，公司可以考虑对他采取期股或者股票期权的激励方式，将期股在两年的时间内逐步转化为公司的实股；进入行权期后，企业对激励对象有个 5 年的锁定期，之后逐渐释放解锁。激励对象经过 8 年的时间才能真正获得所有激励股份的所有权。对于很多企业来说，这已经是一个非常长的股权激励计划了，当然，也可以根据企业的实际情况缩短锁定时间。

☆ 二次循环激励体系的建立

当激励对象拥有部分股份的实际行权资格后，企业还可以根据企业的具体情况，对激励对象进行再次激励，对其实施增持激励方案，形成二次循环激励的体系。

假如是集团公司的话，子公司的高管或者核心员工在持有子公司的注册股以后，总公司的集团股也可以考虑让其持有。如果集团公司上市，就会有股权重组的过程，激励对象拥有的股份可以转化成流通股，在证券市场可以自由套现。当然，公司在遇到并购重组、风险投资、上市等比较重大的事件时，也可以允许员工加速行权，以回报员工。

【案例启示】

实际上，随着企业不断发展，员工的需求也在不断发展，在这个过程中，管理者要注意对员工的激励方式，不能一直采取同一种方式激励员工，这样的激励措施是不具有任何激励效果的。股权激励也是如此，通过进阶式股权激励，不仅可以使员工在企业发展的过程中受益，同时也能使企业留住人才。此外，企业的管理者还需要建立二次循环激励体系，达到对激励对象再次激励的效果。

【案例6】
入股时说好赚钱一起分，结果怎么就卷钱跑了呢

【案例现象】

河南驻马店的窦总经过几年的努力打拼，公司发展得越来越好，窦总打算将企业的规模扩大一些。但考虑到资金不足的情况，窦总便联系了两个多年合作的老客户，欲求一同发展。窦总以及两个合作的客户都说："多个人多份力量，有钱大家一起赚，赚钱大家一起分。"于是整个公司股权被平均分成了三份，每人拥有33.3%的股份。这个公司经过两年的发展也很不错，这时，两个客户打算独立发展，窦总怎么可能同意呢？于是便产生了利益纠纷，两个客户撤股了，公司

66.6%的股份全被撤走，企业也瘫痪了。窦总感慨道："真是人心难测啊，当时入股的时候说得好好的，多个人多份力量，有钱大家一起赚，赚钱大家一起分，怎么这才过了两年就都变了呢，怎么就跑了呢？"

【案例分析】

☆ 多个人多份力量，有钱大家一起赚，赚钱大家一起分

实际上这样的问题在很多企业中都曾发生过。很多人在创业初期都面临资金不足的问题，为了解决这个问题，便拉很多人一起入股，抱着"多个人多份力量，有钱大家一起赚，赚钱大家一起分"的想法，希望共谋发展。但随着时间的流逝，企业不断发展，每个股东个人利益需求也不断变化，这个过程中会不断突出各种矛盾，如果没有解决恰当，就会出现窦总公司的状况，股东撤股，直接损害现有的公司经济利益。

在股份制公司，由于股权分配不均而引发后续的利益问题，最终导致一个企业四分五裂的情况很多。究其根本原因是公司老板法律意识的缺失，没有全面认识股份制公司发展模式。比如合作伙伴如何入股，选择什么样的合作伙伴入股，如何预测入股后出现的问题。

【解决之道】

☆ 选择合伙人

实际上企业的股东合伙人有两种：一种是创始股东，另一种是企业发展过程中加入的员工。创始股东，实际上也是公司最早合伙入股的人，大多数人会考虑亲戚或者朋友；企业发展过程中加入的员工是企业在发展的过程中，发现有的员工资历深、工龄大、能力强等，企业老总希望以入股形式与员工共同发展。无论选择什么样的人入股，一定要符合以下要求。

你的合伙人和你志同道合，如果合伙人和你背道而驰的话，那肯定是走不远的；合伙人的品性要好，如果合伙人的脾气非常暴躁，一言不合就吵架，是绝对不能成为合伙人的；还有一些人比较内向，或者说不愿意表达自己的想法的人，这些人平时不会为公司出谋划策，在关键时刻也不会有什么想法，建议不选择；还需要了解合伙人的兴趣爱好，千万不能同那些作风不正的人一起创业。

要准确了解合伙人的个人成长经历，正所谓"环境造就人"，不同的环境下生长的人，其性格也会有很大的不同，有些人从小生活在安逸的环境中，尽管做事认真，但没有什么胆识，看不到事情发展的长远方向，该决断的时候也是磨磨蹭蹭，这样的人不合适作为合伙人。

管理者要懂得借他人的评价，用于自己的利益。你可以询问合伙人周围的朋友、同事，这个人的人品怎么样。管理者通过这种方式对合伙人的人品进行考察，得出的评价更加客观。

☆ 股权生命线

实际上除了对合伙人的人品进行考察之外，还需要管理者注意的是股权的分配。在上述案例中窦总就犯了股权分配的大忌——股权平分。管理者需要切记的是，不管谁入股，千万不能平分股权！

股权分配是有一定规则的，有以下几条股权生命线：

（1）股东的股份占到全部股份的67%，这条线叫作绝对控制权，拥有67%股份的股东可以选择增资，对公司章程进行修改。

（2）股东的股份占到全部股份的51%，这条线叫作相对控股权，拥有51%股份的股东对公司的重大决策有表决权。

（3）股东的股份占到全部股份的34%，这条线叫作一票否决权，拥有34%股份的股东拥有对公司的决策进行一票否决权。

（4）股东的股份占到全部股份的10%，拥有10%股份的股东可以向法院申请对公司进行解散。

（5）股东的股份占到全部股份的5%，这条线叫作重大股权变动警示线。从员工激励的角度来说，给予员工的股份在10%就差不多了，拥有10%股份的员工已经算是一个大股东了。

☆ 一切落实到法律上

入股前，管理者要和合伙人对各方面内容进行谈判，并且签订书面合同，只有落实到书面上，签字画押，并且通过律师进行法律认定，保证合同的法律性才可以。如果在公司的发展过程中，合伙人有违背创业企业利益的行为，则可以通过法律手段维护自己的合法权益。

【案例启示】

企业发展到一定的阶段必须要面对的一个问题是股权分配，管理者除了要对合伙人进行慎重考虑之外，还必须在合伙前对问题采取科学的方式进行处理，防止发生一些后续的隐患。切记股权生命线，不要平分股权！

【案例7】
分店店长有能耐，担心他出去创业

【案例现象】

黑龙江佳木斯做家居建材的任总诉苦说，有一个门店的店长非常优秀，不仅销售能力强，并且管理能力也很强，经过几年的积累，手里不仅有资金，而且还有市场资源和人脉资源，真担心他一走了之，自己出去创业。任总说："小邹一旦出去创业，我这个门店不仅是失去一位得力的臂膀，同时他还有可能带走店里的其他得力员工以及市场资源，从而对我这个门店构成了竞争。"

实际上，尤其是一些连锁的门店，店长通过对门店的经营，已经积累了大量的资金、人脉和经验，自己开一家相同的门店特别容易。所以，很多老板对有可能出去创业的员工都有很强的戒备心，会千方百计地阻止他们出去创业。

任总跟我说担心他出去创业，与自己构成竞争关系，因此会通过门店管理制度对其进行约束。比如，店里的每一个客户的详细记录都需要上报给任总，包括跟单记录；对这个门店的账款也进行统一管理；削弱他的实权；等等。

笔者就对任总说："你这样做也许遏制了他出去创业的想法，但你也限制了他发挥才能，让他有失去信任的感觉，没有归属感，反而会让他走得更快。不妨用股权激活门店店长。"

【案例分析】

☆ 老板与分店店长的"矛盾"

实际上很多老板都会像案例中的任总一样，企业发展得越来越好，越想扩大企业规模，为占领更多的市场，就会开更多分店等。但老板也会头痛，这些分店的店长该如何管理，也会面临如下问题，店长或者员工能力强、资金储备足够、实战经验强等，担心他们出去创业，不仅失去人才，还会与自己形成竞争。

一些老板此时会采取一些措施，对这类员工进行限制，让他失去经营的实权。这不仅会让员工失去工作的动力，对门店的不利影响也非常大。同时，老板对员工采取这种措施会加快员工离职的想法和行动，促进其更快地离职创业。

实际上不少开了分店的老板也很苦恼，如果对分店的店长限制过多，分店店长则很难施展他的才能，也不利于分店的发展；如果对分店的店长没有限制，放任不管，又担心分店店长借用公司的力量为自己谋取私利，对公司的利益造成损害。

很多分店的店长在对门店进行管理时，都会出现各种"小猫腻"。店长一般的薪酬构成是固定底薪+管理提成+业绩提成。这其实是一种短期的薪酬结构，在一定程度上造成店长只关注短期的收益，导致出现以下现象：

（1）店长为了提升业绩，对成本不加考虑，也不进行控制；

（2）店长吃回扣，提高进货成本；

（3）产品价格不统一，造成市场混乱；

（4）没有与门店并肩作战，认为门店的业绩好坏与自己无关；

（5）欺骗客户，夸大产品。

除了上述现象，还有其他一些现象。实际上都与老板没有与店长之间建立科学的制度有关。

【解决方案】

☆ 对分店进行量化、模块化管理

这种管理方式，就如同肯德基、麦当劳的管理方式，店长的作用并不是很大。店里的员工按照各自的模块进行分工合作，基本上不会出现什么问题。

但是这种管理模式需要企业有相当成熟的管理体系，并且每一家门店拥有的市场资源没有很大的差别，每一家的店长也不需要有很多经营才能。

☆ **采取股权激励**

实际上对经营者经营能力比较依赖的门店，企业可以采取股权激励的方式，给予店长和员工一定比例的股份，将店长、店员与门店的利益进行捆绑，让他们成为门店的主人，增强他们的归属感，激发他们的工作热情和积极性。

实际上门店的店长拥有对门店的经营权，但没有门店的所有权、利益分配权。如果企业老总赋予分店店长部分所有权，让权力和金钱合一，会一定程度上调动店长的积极性。

对于分店店长的股权激励，最好是店长所属门店的股份，不是总公司的股份。这样，店长的努力程度可以直接与门店的业绩挂钩，更有利于店长动力的激发。

☆ **几种股权激励方法的介绍**

（1）承包激励法。企业老板可以将分店交给店长经营，但这家门店的所有权归总公司，而这家门店的店长拥有收益权和经营权。企业可以以成本价将产品发给分店，收取分店的管理费，也可以将产品加价发给分店，不收取管理费，或者两者兼有。店长需要考虑的是将产品或者服务营销出去，并且从中获取收益，店长的主要收入来源就是分店的利润。但这种激励方式也存在一些缺点，比如店长追求短期利益，牺牲企业的整体利益；分店和企业并不是共同体，店长的归属感并不强，仍然会有离职的现象。

（2）超额利润激励法。超额利润激励是指以公司利润为基础的分红股激励方式，激励对象根据与企业签订的比例分红利。激励对象一旦离开了公司，就不再享受分红权利。在门店中，可以以门店的利润对店长进行分红。这样店长可以通过自己的努力，提升门店的业绩，使门店获取更多的利润，从而可以分到更多的红利。这种激励方式与延迟分红配合，能很好地锁住店长。这种激励方式要求企业必须有可供分配的红利，如果没有可以分配的红利，企业最好不要考虑这种激励方式。

（3）实股激励法。实股激励是让员工出资购买公司或门店的股份，成为股东之一，实现共担风险、实现共赢的方式。实股激励可以让店长不断付出努力，使门店或者企业的资产升值，进而股份升值，从而获取利益。此外，店长通过购买股份可以减轻公司财务压力。店长通过实股激励，不仅可以获得经营权、授权权、分配权，同时也要承担风险，属于长期激励方式。但实行实股激励的企业发展必须是蒸蒸日上的，如果公司正在走下坡路或者遭遇瓶颈，实行实股激励是没有意义的。

（4）合资合作法。合资合作法是企业与店长个人采取合资的形式对门店进行经营管理。可以根据企业的发展需要来决定店长与企业的股份比例。这种方式真正让店长成为了老板，在门店的经营管理上拥有很大的自由性。企业如果与店长以这种形式经营门店，企业不需要向店长支付薪酬，店长的收入只能是依靠门店经营的利润。但要注意的是，企业要设计出一套合理有效的退出方案，以避免在门店经营过程中带来不必要的麻烦。此外，这种门店的店长必须要有很强的能力、有远大的抱负，否则这种方法行不通。

【案例启示】

随着经济的快速发展，很多企业发展得也很快，很多企业老板会开分店以占领市场，扩大企业的规模，但企业老总也没有三头六臂，根本无暇顾及那么多家门店。不仅要面对企业外部的情况，还要面对企业内部的情况。店长离职创业是一个让老总非常头疼的问题。老总既可以采取股权激励的方式激励员工，也可以采取承包激励法、超额利润激励法、实股激励法以及合资合作法等，具体采用哪种方法，应根据企业的具体情况而定。

【案例8】
给打算离职的核心员工股权，他竟然拒绝了

【案例现象】

四川乐山的袁总诉苦说，公司里的一位核心员工打算离职，为了让他能够留下来，袁总打算用股权激励他。袁总认为通过对员工实施股权激励，不仅能够成就企业，也能成就员工。让员工能够投入更多的热情、积极性在工作中，但没想到这个员工竟然拒绝了。笔者就问袁总："既然你已经打算给他股权了，说明这

位员工已经满足了你授权股权的要求了，但他拒绝的话，原因有很多，比如你的企业现在发展得不好。比如你的企业发展得还不错，只是宣导没有做到位，导致他没有看到公司股份的价值，反而以为企业没钱了在向员工集资。比如他由于个人原因不得不离职，这时候公司采取措施也是没有效果的。原因有很多，你要根据具体情况采取措施。"

袁总听了笔者的话之后，回答说："的确如此，对于股权的价值我确实没有怎么做过宣导，虽然这个员工已经在企业很长时间了，但对企业股权他确实不清楚。"

【案例分析】

☆ 企业股权价值宣传的重要性

企业的股权对于企业来说是最有价值的。企业如同在海上航行的一艘船，只需要把握好方向，剩下的就交给动力系统了。企业里的成员就如同这艘船的动力，这些员工有多大的动力，企业发展得就有多快。但当管理者向员工提出股权激励时，员工对公司股份没有任何兴趣，或者没有很强的认同感时，那么股权激励也不会收到很好的效果。因此，企业管理者需要对企业的股权进行宣导，让激励对象看到、听到、感觉到企业股权的魅力，能够发自内心地感受到企业的价值，让他们相信公司能够发展得更好，也能够激发他们工作的热情和积极性，从而迸发出强大的动力，实现自己的梦想。如果企业管理者在这方面没有做到位，管理者想要对员工实施股权激励是取不到好的效果的。

【解决方案】

☆ 将股份价值传递给激励对象

企业要将看起来可能一文不值但有可能价值千金的无形资产的价值，通过一定的方式传递给激励的对象，这是企业老板必须要思考的问题。除了一些公司的现实表现，比如公司的财务状态、产品、利润、客户满意度以及品牌认可度等相关指标的提升外，还可以通过对企业相关的制度政策以及未来的发展规划等方面进行宣导，让员工了解企业的发展状态以及发展趋势，激发员工持有公司股份的动力。

让员工详细了解企业的发展规划，更有助于激发员工的动力。企业的发展规划包括市场战略规划、资本战略规划、企业人才战略规划、企业商业模式规划以及产品战略规划等，企业不仅要有清晰的战略，还应该将这些战略制作详细，传达给股权激励的激励对象。在这些战略制定的过程中，要保证战略规划的具体性、可实现性。当企业不断向这些战略目标规划前进时，激励对象可以切身感受到企业发展状态是良好的，能够给自己带来利益以及好处，自己在这里也能够发挥才能，进而激发出更多的工作动力。

当然，企业在发展的过程中不可能是一帆风顺的，总会遇到各种各样的问题。当企业管理者面临股权激励问题时，可以选择性进行宣导。当然，管理者也不一定要回避不足之处，可以将不足的问题提出来，同时将改进意见提出来，以规避未来风险，促进激励对象对企业信心的提高。

☆ 塑造榜样，激发员工的动力

企业管理者要塑造一些榜样，激发激励对象，使其努力工作而获得公司股份。有些员工如果通过努力工作获得了公司的股权，管理者可以向员工以及客户宣导这个获得股权的员工。员工以及客户可以通过实实在在的例子看到获得公司股权的好处。获得企业股权后的员工通过努力工作，推动了企业股份的价值上升，获得了多少财富效应。等等，这些都可以是企业向激励对象进行宣导的。

榜样的力量是无穷的。当激励对象获得企业股权后得到了实实在在的好处后，企业管理者就可以将其放大，以达到激发员工的目的。

榜样的宣导是一个不断强化的过程，管理者需要不断重复性的宣导，将企业股权的财富效应深化在员工的脑海中，使他们即使现在达不到获得企业股权的水平，也在不断努力工作，向获得企业股权这个目标工作。

【案例启示】

企业管理者如果打算对员工进行股权激励，就需要对员工进行企业股权正确、到位的价值宣导，这不仅可以使员工了解到企业的发展状况，愿意出资购买公司股权，还可以激励员工努力工作达到购买企业股权的标准，从而实现财富梦想。

企业管理者对员工进行企业股权的价值宣导时，可以宣导企业的发展规划，包括企业市场战略规划、产品战略规划、企业人才战略规划等。此外，企业管理者还可以通过树立榜样激发激励对象。通过对榜样的宣导，不仅让员工了解到努力工作就可以获得企业股权，同时，获得股权后的员工可以获得高额利润，从而激发员工努力工作，增强员工对企业的信心，让员工知道企业的股权是值得购买的。

第三章

团队文化

每个人都很熟悉"文化"这个词，但要问文化是什么，并不是每个人都能清楚地说出来的。笼统地说，文化是一种社会现象，是人们在长期的发展中创造形成的产物。同时，文化还是一种历史现象，是社会历史的积淀物。更确切一点地说，文化是指一个国家或民族的地理、历史、传统习俗、风土人情、思维方式、价值观念、生活方式、行为规范、文学艺术等。

团队文化是团队长期活动中所自觉形成的，并为所有员工理解并且恪守的宗旨、价值观念和道德行为准则的综合反映。

我们可以这样认为，团队文化是一种从事经济活动的组织内部的文化，它所包含的行为准则、价值观念等物质形态以及意识形态都是被该团队中的成员理解、认可并且遵循的。

我们把团队文化分为两种，即广义团队文化和狭义团队文化。广义的团队文化是指团队物质文化、制度文化、行为文化以及精神文化的总和；狭义的团队文化是指以团队价值观为核心的团队意识形态。

在团队管理中，团队文化是不可或缺的一部分，它具有以下作用：

（1）凝聚作用。团队文化能够很好地团结团队中的所有员工，万众一心，为实现共同目标而共同努力。

（2）吸引作用。一个好的团队文化能稳定人才和吸引人才。其实这不单单指的是团队中的内部人员，还可能涉及团队外部人员，比如合作伙伴，如客户、经销商、消费者甚至是社会大众等，好的团队文化对于他们也同样具有吸引力，能够更好地促进相互合作。

（3）导向作用。一个好的团队文化，能够引导员工心往哪里想、劲往哪里使。一个好的团队，团队中的员工会自觉地将团队文化融入自己的行为习惯中，并且按照公司要求去工作，这就是团队文化起到的导向作用。

（4）激励作用。根据马斯洛的需求理论，每个人都有精神需求，都需要精神鼓励，而好的团队文化对员工具有激励和鼓舞的作用。

（5）约束作用。团队文化本身就具有一定的约束作用，比如规章制度等。当文化管理到达一定的高度后，员工自己会很清楚该做什么、不该做什么，这是团队文化发挥的"软"约束作用。

（6）竞争作用。好的团队文化是团队核心竞争力成熟、发展的基石。

【案例1】
对客户要做到千依百顺吗

【案例现象】

北京某一投资公司的咨询师小王最近两天总是闷闷不乐，其原因是昨天被罚了200元。事情的经过是这样的。一位李姓的女士来投资，但赔了一些钱，对小王总是进行语言辱骂，小王呢，也对李女士说过，投资有风险、投资需谨慎，并且对李女士投资这件事也一直尽心尽力，出谋划策。现在李女士投资亏了钱，把责任都推到小王身上，并直言说要投诉小王。本来工作压力就大的小王，在没克制住自己的情况下对李女士进行了语言上的反击，辱骂了李女士。公司相关部门在了解这个情况后，依据公司规章制度，对小王进行了200元的罚款。小王虽然对公司规章制度很清楚，但心里总是不舒服，客户骂了不能还口，对客户要做到千依百顺吗？

【案例分析】

☆ 一线员工，企业最好的发言人

很多顾客是由于对一个员工的印象从而影射到对整个公司或者企业的印象，尤其是一线员工，是整个企业的最好发言人。相对来说，大多数顾客直接接触的是一线员工，比如售货员、服务员、销售员等，与企业中层管理者或者企业老总接触的机会很少，所以这些一线员工在某种程度上直接代表了整个企业。很多顾客都会有这种反应："服务态度怎么这么差，下次不会再来了"或者"服务态度真好，让我很放心在这购买"，其实这都涉及一个员工的整体素质，包括服务态度、业务能力、沟通技巧等，这些与员工个人平时的素养提升有关，另外也需要企业或者团体对员工的培养和塑造。

让员工成为企业第一代言人之前，企业首先需要做到把员工当成家人，此理论尤其适用于餐饮等服务行业。因为餐饮等行业的竞争归根结底是服务的竞争，而服务取决于员工。鉴于此，只有树立一定的观念，比如"把员工当成家人""让员工比顾客重要"，餐厅员工才能更真切地体会到公司的关怀以及公司的真诚，才能在与顾客接触的过程中以更饱满的精神和热情感染顾客。

☆ 客户有意见的地方就是需要改进的地方

很多企业，包括国有企业、事业单位等，都会设置一些群众反馈机制，对员工进行投诉等渠道。这些渠道的设置，对于企业来说，更有利于企业的发展。在上述案例中，顾客直接向小王表达了不满，这时候小王首先是安抚顾客的情绪，使其情绪稳定下来，而不是和顾客争吵甚至互相谩骂，因为争吵和谩骂都解决不了问题，反而背道而驰；其次是寻找出现这一问题的原因，找出为什么会出现这个问题，究其根本；最后是找出解决方法。

另外，在这件事解决之后，小王要解决的问题还很多。首先是服务态度需要改变，顾客信任你才会将钱交给你进行投资，目的是赚钱，现在亏了钱，虽然说投资有风险，但其心理可能还会承受不了，这时需要你和她一起承担，和她站在一起，并非是对立面。其次是解决问题的方式方法，当问题解决不了，出现自己掌控不了的局面的时候，小王应该求助于同事或者求助自己的直接主管，因为是一个团队，所以同事或者领导会出手相助。最后是业务能力有待提升。出现这一问题的根本原因是小王并没有帮助李女士赚到钱，小王的职业是理财顾问或者投资顾问，这一结果与其业务能力有直接的挂钩，所以小王的工作能力亟待提升。

其实，顾客表现出不满或者有意见的地方就是企业需要进步的地方，这是最直接的反馈渠道，当然要排除一些无理取闹或者有着不合理要求的顾客。所以对待这类顾客在解决意见或者不满情况之后，还需要进行反思，如何防止再次发生此类状况，从而促进员工个人的成长，有助于企业更好的发展。

【解决之道】

☆ 希尔顿饭店的"微笑服务"原则

美国希尔顿饭店于 1919 年创立。在其创立到发展不到 90 年间里，从 1 家饭店发展到遍布全世界的 100 多家，这使它成为全球最大规模的饭店之一。

希尔顿饭店生意为什么这么好？究其根本原因是确立了企业理念，并让每一位员工都能够将这份理念从思想转化到行为上。希尔顿饭店非常注重营造一种"宾至如归"的氛围，对员工的服务礼仪也非常注重培养，员工的"微笑服务"就是最好的呈现结果。

无论世界上的哪一家希尔顿饭店，都始终遵循"微笑服务"这一原则，真正让客人体会"宾至如归"。

团队礼仪是团队的精神风貌。它包括的内容有很多，比如员工待客的礼仪、员工的风度、饭店的经营作风、饭店环境布置的风格以及内部的信息沟通方式，等等。团队礼仪往往会形成一定的传统与习俗，体现团队的经营理念。它赋予团队浓厚的人情味，直接影响团队精神的培育，影响团队形象的塑造。

就希尔顿个人来说，他对员工文明礼仪方面的教育十分注重。他每天都会到1 家以上的希尔顿饭店与服务人员进行直接接触，向各级员工（从总经理到服务员）问得最多的一句话就是"你今天对客人微笑了没有？"希尔顿每到一家旅馆进行全体员工大会时都会问："现在我们的旅馆已新添了第一流的设备，你觉得还必须配合一些什么第一流的东西方能使客人更喜欢呢？"希尔顿听了员工回答，笑着摇头说："请你们想一想，如果旅馆里只有第一流的设备而没有第一流服务员的微笑，那些旅客会认为我们供应了他们全部最喜欢的东西吗？如果缺少服务员的美好微笑，就好比花园里失去了春天里的太阳和春风。假如我是旅客，我宁愿住进虽然只有残旧地毯，却处处见到微笑的旅馆，也不忍走进只有一流设备而不见微笑的地方……"

希尔顿的这些行为导致他无论视察哪一家希尔顿旅馆，哪一家的员工会立即想到一句话，那就是他们的老板随时可能来到自己面前问："你今天对客人微笑了没有？"

☆ 顾客服务形象的树立

良好团队形象塑造的另一重要因素是顾客服务。在如今的社会，买东西不再只考虑价格，为价格所左右的人正在逐渐减少。购买者还对以下几方面进行考虑，比如产品品牌、产品质量、产地等，也非常注重厂商为他们提供的服务，如电话预定、免费送货、安装调试、售后维修、定期上门服务、保证退货、商品保险、分期付款、技术咨询和培训、用户信息反馈等。这些服务不仅增加了顾客购物的安全便利感，享受购买、使用等整个过程的服务，而且也降低了顾客对价格的敏感度，让顾客不再将关注点只集中在价格上，极大地提高了企业的销售业绩，提高了经营效益。这种服务增进了与顾客的关系，从而使企业有了稳定的客户群，这些固定的客户群不仅是购买者，而且可能会通过"顾客宣传效应"，成为企业的免费的、宣传效果极好的宣传者，从而使更多的新客户被吸引而加入购买行列，大大地提高了市场占有率，提高了公司的业绩。员工为顾客提供周到而全面的服务，已经成为了具有良好团队形象的重要特征。

☆ **良好的员工形象的树立**

良好的员工形象的树立对于一个企业来说是特别重要的一部分。员工在某种程度上直接传递着一个企业的形象、精神等，员工的穿衣打扮、精神面貌、言谈举止和工作态度等是企业形象人格化的直接体现，这些也直接呈现了员工的文化修养、职业道德以及管理水平等综合素质。

企业员工特别是推销员、公关人员、各级管理人员是企业形象的直接反映者。一个企业文化十分浓厚、发展非常好的企业，一般都非常注重培训员工的素质，使其落落大方、彬彬有礼，具有认真、严谨、务实的敬业精神，面对非常复杂的问题，也能有效地处理。当客户与这些训练有素的员工进行交流或者接触时，自然会通过这些员工对企业产生良好的印象并做出好的评价，从而与企业进行合作，甚至是长期合作。

【案例启示】

企业的每一位员工在客户面前都有可能是一面镜子，镜子不仅仅是员工个人，他的精神状态如何、他的职业素养如何等，更直接地反映了一个企业如何，所以每一位员工都应该树立一个良好的服务形象。即使在工作过程中遇到一些问题，也要保持良好的职业素养，积极地进行处理，这才是一个员工、一个企业保持成长、获得发展的重要前提。另外，出现了问题可以促使员工和企业共同成长，所以，面对问题，积极面对，这不仅是员工个人的发展，也是一个企业的发展。

【案例2】
这个新员工竟然连规章制度都没看

【案例现象】

丽丽到公司已经一个多月了，这个月她家有事，不是小孩生病，就是老人生病，所以多次迟到。虽然是实习期，但公司考虑到其具体情况，也并未做出辞退处理。丽丽拿出工资单的那一刻，看到在早退迟到那一栏时，吓呆了，不敢相信扣了那么多钱，于是直接找到领导询问原因。主管将公司相关的规章制度对丽丽介绍了一番，并告诉她公司的规章制度中明确写明了关于迟到的相关处理方式，并在入职第一天就以纸质版的形式交给她一份。丽丽表示："是吗，规章制度中有吗，还没来得及看。"

【案例分析】

☆ 每一个员工了解公司制度是必要的

很多刚入职的员工对新公司的规章制度并不了解，也不会刻意地花时间进行了解，而公司也不会对此事进行培训或者介绍，所以造成很多员工对公司的规章制度并不了解，甚至对一些规章制度都不知道，更别提理解清楚了。实际上，这都是限制企业发展的不利因素。

了解公司的规章制度、了解公司的精神和使命，有助于员工融入公司并为之而奋斗。任何公司和企业都需要让员工认同并接受自己的企业文化，然后汇集各种力量，促进企业不断发展壮大。

【解决之道】

☆ 规章制度要具有公认性

很多管理者会有这样的想法——我就是老板，这个企业规章制度的制定和决定者都是我。实际上并不是，一个企业的规章制度的制定和决定者绝不能仅仅是企业老总及少数高管，也不仅仅是公司领导和制度统筹委员会的事情。企业的规章制度应该是每一位员工直接或间接参与到制度文件的起草过程中，任何人对规章制度中出现的错误或感觉条文不合理时，都可以提出来，还可以提出更改建议。在规章制度的制定过程中，需要与所有的员工进行沟通和探讨，积极地听取员工的想法和意见，广泛征集全体员工的建议，结合企业的实际情况而制定，从而确保规章制度的公开性、公共性，因而得到全体员工的一致认可。

☆ **企业文化是需要被每位员工熟知的**

当员工对一个企业的文化熟知以后，他才能正确地认识到企业的发展方向、企业的信念、企业的核心价值观等。才能真正地和企业站在一起，并为之努力。

阿里巴巴非常注重对企业文化的宣传和推广。马云认为，必须让每一个员工，甚至门口的保安、阿姨都明白企业文化，比如企业愿景、企业使命，只有驾马方向一致才能向前前行。

比如很多生意人这个月的工作目标是赚 1000 万元，但员工不知道，这样是不行的，只有员工对这些都熟知，才能朝着一个发展方向前进。

无论企业规模的大小如何，都不能没有规章制度，但如果只单纯地依靠规章制度从外部对生产经营秩序进行管理是远远不够的。企业还必须依靠企业文化，比如企业精神、企业观念等维系企业员工的心，提高员工的自我约束力，保持企业内部之间的相对平衡。假如说一个企业的规章制度体现了企业文化直接的约束功能，那么企业的文化氛围就体现了企业文化间接的约束功能，这种约束尽管是无形的、间接的，但它一旦形成并且深入人心，一定意义上其效果和作用比直接约束更大。企业规章制度只能规定员工进行一定的工作行为，但对员工的工作态度等是不能进行规定的，而企业文化则可以对员工的劳动态度和行为取向进行引导。

【案例启示】

每一个企业都会有规章制度，有些企业会把规章制度束在几页纸上，不到需要的时候是不会拿出来的，表明企业对这方面是没有意识的。另外，有些员工也是如此，只有其行为和企业的规章制度有矛盾、有冲突时，才会对企业的规章制度进行了解。这些都不利于员工个人和企业的发展。

无论新老员工，企业都应该使他们熟知企业的规章制度，以利于他们更好地进行工作，从而形成一种约束。

另外，如果只是简单地根据规章制度对员工进行约束，也只是约束他的人，不能约束他的心，因此企业应使企业文化被每一位员工熟知，让他们与企业并肩作战，从而"共赢"。

【案例3】
两种制度并行，规定不明确，该怎么办

【案例现象】

山东青岛的人事经理徐经理说了一个苦恼：公司新开了一家门店，这家门店执行的也是总店原有的制度——员工每周工作日5天，每天8小时。但是这家门店的业绩不太稳定，最近一直很忙。为了应对繁忙的情况，新门店有时就会执行每周上6天8小时的工作制度。但这项制度并没有被明确规定下来，上级领导也只是说会补偿给员工。春节放假，超出了规定的7天假期的员工有很多。按照规定，超出的天数都被视为请假，是要被扣钱的。员工听到这个消息后很不满意。他们认为之前上过好几次一周6天的班，那些加班时间就有好几天，是可以用来抵消超过7天假期的休息时间的。徐经理对于员工说的，他也没法辩驳。但因为上级领导所说的补偿并没有明确，这两种工作制并行后，也没有明确的相关规定，所以他也不知道该怎么办，就只好将考勤统计先报到了财务部。

【案例分析】

☆ 并非工作能力的问题

让徐经理比较烦恼的是，这并非是他工作能力的问题，也不是他能处理的事情。管理水平再高，处于徐经理这个中间人的位置也是比较尴尬的：如果偏向老板的话，没有为员工争取应有的利益，就会做了"坏人"；如果偏向员工的话，在老板面前替员工说话，可能会被老板认为不懂节约成本。实际上造成这个困境的根本原因是该门店的制度出现了问题。

☆ 明确并执行制度的重要性

新门店已经规定了用总店的上班时间制度，但在实际的工作中却让员工时不时地执行另一个上班时间制度。管理者随意对制度进行修改，以一种表面上看似合理实际上却不明确的"综合制度"方式对员工进行管理。如果领导自己没有将制度明确并执行的话，会导致出现人事部和财务部执行其他制度受阻的现象。

虽然说制度是可以进行调整、修改的，但一定要经过民主规范的程序。并且管理者需要注意的是，任何一项制度都是要落实的，如果没有执行到位的话，等于是没有执行。如果对执行的效果不加以考虑的话，时不时地改动某项制度，并不是慎重地做出调整使其完善的话，那后果可能会引起一片混乱。

针对上述案例来说，既然新门店要执行一周 5 天、一天 8 小时的工作制，就一定要按照这个制度规范员工的上班时间。而如果打算让员工在周六也进行加班工作，就需要明确一点：是对工作制进行调整改变，还是要制定加班制度对原有的制度进行改善？如果像案例中的一样，在不明确的情况下，领导只以一句"会补偿员工"就开始执行另外一套工作制，并用两种工作制，并且如何补偿的制度也不明确，当然会引发一些问题，比如工资核算困难。实际上新门店的管理者的管理十分不规范，他们既没有严谨地执行制度，也没有慎重地制定制度。

【解决方案】

☆ 将制度明确并严格执行

一个规范化的企业，它的规章制度就是它自身标准化的度量，一个企业应该以制度规范所有的行为。一旦制定出台了某一项制度，那么就应该让员工将这项制度执行到位。要做到这点，管理者特别是企业的"一把手"必须要严格依据制度管理企业，不能凭借职权对制度随意更改，更不能以口头式的命令让员工违背制度。如果企业老板的管理态度不坚定，今天想执行这样的制度，明天想执行那样的制度，就会对管理工作造成影响。比如，上述案例中，不仅徐经理为难，财务部估计也会为难，因为财务也不清楚该不该按请假制度扣员工的钱。

☆ 总的制度只有一套

此外，企业的管理者还必须注意：管理任何一项工作，只能有一套总的制度，不能有两套。比如上班时间制度，可以是一周5天、一天8小时的制度，也可以是一周6天、一天8小时制，还可以是5天8小时制和6天8小时制混合用，比如这周上班5天、下周是6天的单双轮休。身为一名管理者，需要明确的是只能有一套上班制度，只能以一个制度的形式明确相关规定，并且这套制度有相应的薪酬制度。如果在制定某项制度后，又让员工执行第二套制度，不仅对原有制度的执行造成干扰，还会造成其他的新问题。所以管理者要明白这样的做法是不慎重的，也是万万不可取的。

☆ 制度的稳定性、长期性

事实表明，很多制度落实得并不严谨，原因一般都是某位管理者为难或者一些制度根本无法被执行。在科学的制度化管理中，管理企业的制度通常都是一整套体系的，很多制度都是相关的，并不是单独存在的。例如，工作时间的规定与员工当月薪酬的核算、年奖金的发放、升职的考核等密切相关。因此，任何一项制度必须具有一定的稳定性以及长期性。这对制度的内容提出了要求，必须是严肃的、神圣的以及权威的。一旦出台了某项制度，管理者必须依据制度标准进行管理，员工需根据制度工作。不明确的制度的下达、两种制度并存、以口头式的命令代替制度化的管理、随便修改乃至废除制度等，都会对执行制度的效果造成影响，或者对其他制度的有效落实造成阻碍。

☆ 管理者要做好带头作用

实际上，企业的管理者既是企业的"一把手"，也是企业的引领人，如果企业的管理者在执行制度时都执行不到位的话，下面的员工又怎么可能认真贯彻每一项制度呢？如果想让员工有效地执行制度，企业的管理者要做好带头作用。反之，如果老板对制度随意更改，会对其他有关制度的执行造成影响。如果企业的管理者带头违背了制度，员工会觉得这项制度违背了是没有关系的，也会效仿。这样的话，企业的制度就不会得到有力的贯彻落实。只有管理者严谨有力地执行制度，企业的制度才会发挥应有的作用。这要求老板做到：一旦出台了某项制度就必须执行，并且严格执行，不随意对制度进行更改，也不能有时执行有时不执行，或者执行了一段时间又废弃。

有一个问题还需要管理者注意，在严格地执行制度的同时，应该保持公平性、公正性，绝对不要有偏袒之心。

【案例启示】

企业的管理者要意识到只能有一个总的制度体系的重要性，如果制度不明确或者两套制度并行，或者以随意的态度执行制度，都会引发一些问题，导致企业发展受阻。管理者要保证制度具有明确性，严格执行制度，将制度执行到位，否则就等于没有执行。管理者要发挥好带头作用，并且要注意，在执行制度时要保持公平公正，做到不偏不倚。

【案例4】
老总说的话就是真理

【案例现象】

华总是一家餐饮业的老板，虽然不是什么连锁的大公司，但也有几家连锁店了。这些餐饮店都是华总一个人拼搏出来的，公司的管理制度也都是华总制定的。公司越来越壮大，很多事情还都是华总做决定，员工们对于华总的决定也很支持，认为华总的话就是"真理"。华总的价值观、兴趣、爱好以及习惯风格等在公司里都可以感受到，公司的规章制度也都有华总的影子。

但最近又要新开分店了，华总的权威似乎不被一些员工认可了，总是出现一些反对他的声音，让华总很是苦恼。

【案例分析】

☆ 英雄崇拜转变到文化和制度的建设

如果一家公司，是由一个非常有远见和气魄的领导人创建，或者白手起家，不管这个公司规模的大小如何，创始人或领导人的思想对这个公司的发展一定会产生非常大的影响。在这种情形下，公司的文化中一定到处都有创始人、领导人思想的影子。企业文化也会由创始人或者领导人的价值观、信仰、性格、习惯、爱好、兴趣、风格等直接决定。

国内很多企业都是一个人或者一个家族共同创立起来的，在这种文化和制度下早期的企业确实能够取得一定的辉煌，但随着市场环境的变化以及企业的发展，这种文化和制度也会直接导致企业成为一只臃肿和虚弱的大象。

随着市场环境以及时代的发展，薪资制度、绩效考核制度等都需要不断进行改变，以适应和满足员工日益增长的物质需要。另外，在员工的培训方面，需要随着公司的发展以及整个市场环境的变化，对培训体系进行改革。诸如此类的众多管理系统，需要摒弃企业英雄的家族式管理风格，才能保证企业的健康发展。

企业文化体系是由领导者、员工以及客户在长期的互相合作、互相磨砺中形成的，是由大家共同参与并创造的。也只有这样的文化体系才能凝聚认可的价值观，企业文化才有生命力，企业才能发展得越好。

【解决之道】

☆ 领导是企业文化的倡导者

每个人都有自己做事的方法和习惯，更何况一家企业的领导呢？对于经营，他当然有自己的一套方法。领导是一个企业的灵魂和主导。企业文化在某种程度上也反映着企业领导的个性烙印和人格特征。

企业老总是一个企业的领袖人物，他们不仅与企业的生存发展息息相关，他们对企业文化的建设也具有关键性作用。经济奇迹和物质财富或许是他们创造的可见性成果，但无比可贵的精神财富是更为重要的东西，即企业文化。

企业老总是企业文化的倡导者、执行者以及管理者，他们个人的思想意识、个人品行和道德准则、思维方式和习惯、价值观和经营哲学对企业文化的走向和实质性内容有直接的影响。

企业的创始人或者企业老总的个性对企业文化的产生具有非常重要的影响，在企业文化形成过程中，企业老总对其具有重要且关键性的作用，是企业文化一个不可缺少的要素。如果说环境从外部对企业文化有着一定影响，那么企业老总的风格可能在内部影响甚至决定企业文化的特色。企业老总的风格不同，那么他们的一言一行、行为举止、对待员工的态度、经营思路和思维模式、处理各种工作的方式等都会有很大的差异。

☆ 老总是企业文化的身体力行者

特色企业文化不能仅仅停留在一种设想上，在特色企业文化的实施中，需要管理者身体力行，率先垂范。一位成功的企业老总应该以自己正确的言行、良好的工作作风和崭新的精神面貌对企业员工的思想行为产生正面影响。企业的老总要担负起企业文化的领导重任，创造出的企业文化不仅生机勃勃，并且是独具企业个性的。

在特色企业文化的建设中，企业家的行为十分重要，在一定程度上，领导者的行为已成为所有企业成员的标杆。如果管理者没有融入他倡导的企业文化中，那他就不可能对企业文化产生决定性的影响。比如，你要建立一种勤奋、敬业的工作氛围，自己必须首先做到亲力亲为。

☆ **规章制度要随着企业的发展不断进化**

企业随着社会的发展而不断发展，那么企业中的制度也要跟上企业的发展速度。摒弃一些过时的东西，补充一些新鲜的元素和血液。一些企业在创立之初可能采用的是"流寇制度""游击制度"，那么在企业发展的过程中一定要将这些制度发展成正规制度。有的管理者可能会说某某企业的制度的效果真是不可思议，便不假思索地照搬过来，但是结果可能是意想不到的差。管理者要明白企业的制度绝不能照搬其他企业，而是在不断解决企业运营过程中容易出现或可能出现问题的过程中不断总结归纳出来的过程。这也并不是说对一些好的企业制度的否定，在企业制度的制定过程中可以借鉴好的制度，但绝对不能不假思索地盲目照搬，否则拿过来的制度与文化存在隔阂，融合不了，与企业实际的发展现状和未来的发展也不符合。

企业制度文化是企业文化的重要内容，是企业价值观、企业理念、企业目标等能够贯彻落实的强有力的制度保障，在企业发展的初级阶段，许多民营企业，由于缺乏文化特色与精神象征，常采用任人唯亲、家族式管理等不科学的管理方式，严重制约了企业的发展壮大。而四川长虹、深圳华为等许多知名企业选择了现代企业管理方式，结合企业发展的现状形成了自己独具特色的企业文化，制定了与企业文化相匹配的企业管理制度，使它们从众多企业中迅速脱颖而出。

☆ **制度要根据团队而变化**

在过去的十几年中，随着信息技术革命的影响，企业的组织环境和管理结构正在经历革命性的变革，各种各样全新的企业组织模式开始出现，一些管理学家指出，20世纪80年代以来出现的企业组织结构上的变化，更多的是企业为了应付增长缓慢、竞争激化以及降低成本和提高效率的压力而进行的一系列管理制度的创新。

管理学家丁栋虹分析说，专家型企业家的崛起，使现代企业组织结构逐渐从直线式的科层结构演变为扁平化的矩阵结构，其核心是取消等级制度，大幅度减少权力执行层次，避免权力部门职能较差，从而最大限度地发挥企业员工，尤其是专业技术人员的创新积极性。

需要注意的是，有机的组织结构只是提供了一种可能的企业管理制度创新的样式。尽管它可能很适合于今天的企业组织变革，但这不是解决一切弊端的灵丹妙药。一些优秀公司的成功虽然在很大程度上可以归结为它们建造的有组织结构，但我们不能因此而忽视其他因素，如企业文化、企业制度建设的其他方面以及市场状况、国家的政治经济环境等因素的影响。企业制度组织结构的变革带有更强的特殊性，每个企业一定要根据自身所处的环境和情形对症设计，切莫照搬别人的形式而不顾自身企业的具体情况。

企业进行制度设计和创新时，一定要建立在企业的核心价值和理念的基础上。不能把企业的核心价值和理念与文化、战术、战略、作业方式、具体政策或其他非核心的做法混为一谈。随着整个市场环境的变化以及企业自身的发展，企业文化也要随之变化，经营战略和策略必须进行一些变革，经营目标也要加以调整，改变相应的组织结构和管理政策，这里面涉及奖励制度等企业制度必须有所创新，但管理者需要注意的是，企业的核心价值和理念是不能改变的。这是那些一直稳速发展、长青的企业给予的最令人深思的启示，也是在企业制度创新的过程中最值得我们吸取的经验。

【案例启示】

很多老总，尤其是一些白手起家的老总，他的言行就是企业文化，员工认为只要是老总说的就是"真理"。实际在某种意义上，老总是公司的代表，他的一言一行都体现了公司的精神和价值观，但这并不代表企业文化、企业的价值观、企业的规章制度等是老总个人说了算。随着公司的发展以及市场环境的变化，总会出现问题的。随着社会的变化，企业的不断发展变化，企业文化，包括企业的制度、企业的发展目标等都要根据企业的具体情况变化而变化，这个是动态的，并不是说一成不变的，10年之前是这样，10年之后还是这样，这样不符合企业的发展，也跟不上时代的发展。

【案例5】
一搞活动员工就抱怨，说没用

【案例现象】

上海做销售的小章说："我们公司每天下午正式上班前，都会花大概半小时进行活动。"据小章介绍，这些活动包括团队游戏、团队比赛，比跳舞、唱歌等，每次做完游戏，都感觉和同事更亲近了，上班更有激情，不会出现下午上班没有精神的情况。

小章和朋友聊天时，说到了公司这个事情。他的朋友很不理解地问他："你们公司每天都花半个小时的时间去进行活动，到了下班时，你有时还要加班，为什么上班的时间，不好好利用这个时间进行工作呢，回头还得加班？我认为公司没有必要搞这些活动啊。"小章毫不犹豫地回答说："包括我在内的很多同事，都很喜欢用半小时的时间进行活动，表面上看花费了半个小时的时间，好像浪费了半个小时的工作时间，事实上，这半个小时是在给我们进行充电，可以使我们工作更加有激情。事实上，公司还会有很多其他的一些大型活动，比如组织进行户外拓展培训活动，等等。通过这些活动，使我们同事之间更加团结了，我们可以在活动中尽情地释放自己，包括一些负能量、负面情绪，这有利于我们进行更高效率的工作，所以你看到的只是表面。嘿嘿，你要不要跳槽到我们公司啊？"

【案例分析】

☆ 企业进行活动是必要的

企业组织员工进行一些活动是非常必要的，都能对员工起到一些影响和作用。这些活动可大可小，小到一个团队游戏，大到几天的拓展培训活动，都承载着企业文化，具有对员工进行企业文化熏陶作用。

前文简单地对文化进行了介绍，大家其实也都明白文化并不是一种虚无的存在，它需要有一个承载体的，通过这个承载体，人们才能感受到文化，体会到文化，从而对人们产生一定的作用，影响人们的思想和行为，甚至促使人们去传播这种文化，从而推动企业的持续发展。

员工可以直接体验活动，可以通过活动与他人进行更多的互动，产生很多工作之外的独特的体会，从而让企业文化最终体现在员工的行为举止中、日常工作中。

【解决之道】

☆ 通过活动可以产生一些经验，从而转化为文化

上文中介绍到文化不是虚无的，事实上文化也不是凭空就可以产生的，文化是在实践活动中产生的。每一家企业都在经历或者经历过创业、拓展市场、应对市场危机等情形，在这些过程中，企业可能会有自己的经营策略、处事模式、管理理念以及应变模式等，团队之间也可能会有更多的合作默契，也会出现面向未来的共同愿景，等等，这些都是企业文化的一部分，而这些企业文化，都是在企业不断地发展过程中、每一次的活动中产生的体会和经验，从而总结为企业文化。

其实企业进行的活动有很多，比如学习培训课程的进行、营销渠道的拓宽、拓展活动的开展、各种公益活动的策划和组织、大型主题晚会的组织和开展，这些都可以说是企业的日常经营活动的一部分，也是企业文化的一部分。通过这些活动的开展，员工的文化素质和创新能力提高了，产品的营销渠道拓宽了、品牌价值提升了、员工和加盟商的热情也提高了，等等。

企业为了更好地发展下去，必须不断地对企业文化进行创新，因为企业不断在发展，其企业文化也在不断变化，如果说企业文化处于一个固定不变的状态，则无法适应企业发展，最终会对企业发展造成不利的影响。所以企业需要把活动办得更好，让活动更有效率，让活动更加有意义，企业文化在不断摸索中逐渐产生、成型。

☆ 活动是文化传播的有效途径

每一位员工在活动中会有这样、那样的体会和感悟，并且这种体会和感悟与员工个人的性格等直接相关，这种体会、感悟和经验是不一致的，因为一百个人心中有一百个哈姆雷特，意思是每一个人对待同一件事的看法、体会等是不同的。另外，每一位员工总结出来的经验都是在各自的大脑里，如果不与他人进行

分享，并没有得到他人的验证与认可，那只能算是个人经验，不是文化，文化的强大力量与价值是发挥不出来的。还有一些企业，将企业文化束在纸面上，但这些纸面上的文化再丰富、再有价值，都很难让每一个员工体会到它的精髓和深意。文化并不是指一个人的，它是一种集体的智慧，需要得到群体的共同认可，所以文化需要传播，需要有效的传承。

口号、标语等都是文化传播的一种途径，但这种传播方式和手段只是企业文化传播活动的一个表面工程，如果要使企业文化直击员工的心灵，让员工真正地心悦诚服地认可，可能需要通过活动进行深化。企业文化不能只是停留在空洞的口号和标语中，而是要将企业文化落实到日常的工作思想和行为中。员工在体验活动的过程中，可以身临其境地感受到企业文化的魅力与力量。这种体验和感悟，会对团队成员造成最直接的冲击，这种冲击力会带来一种内化的魔力，像指挥家手里的指挥棒一样，让团队成员统一思想、统一行动。

☆ 活动让企业文化落地开花

如今的市场竞争日益白热化，一场成功的活动可以吸引很多关注的目光，能够很好地传播企业的品牌与资讯，所以越来越多的企业热衷于举办活动。企业将自己的企业文化全面地融入不同的活动中，并在活动中释放出企业文化软实力，以此释放出很强大的感召力，不仅激发了员工的工作激情，也带动了客户的成交热情。

一般来说，企业可以通过以下三类活动打造企业文化：

（1）广而告之型活动。很多企业都希望将自己的企业文化融入活动中，从而通过活动扩大企业的影响力和号召力。但举办什么样的活动才能具有这样的效果，达到管理者的理想需求，才是真正要思考的问题。例如，雪花啤酒年年举办的"勇闯天涯"活动，就是将企业精神融入了活动中，使更多的人通过此次活动了解和认识了企业，从而扩大了企业的号召力和影响力。

（2）庆典型活动。相信每一家企业，不管其规模的大小，都至少举办一场庆典型活动，即年会。为什么不管企业大小，都会举办年会呢？因为在年会上，管理者可以很清楚地表达过去一年中的得失、取得的发展成果，对一些有贡献的员工进行论功行赏，展望未来一年或未来几年企业的规划愿景。在这场活动里，员工可以受到很大的激励，做得好的想着未来做得更好，做得不好的也想明年拿到奖赏。企业可以自然地将企业文化融入这一活动中，让员工能够放下上下级的约束，尽情地接受企业文化的输入。实际上，除了年会，很多企业还会举办各种答谢晚会、各种庆功宴会等，这些活动的举办，都有利于吸引参与者，包括员工、客户，从而让更多的人了解企业文化，促进企业的发展。

（3）培训激励型活动。随着社会的发展以及市场竞争日益激烈化，越来越多的企业更加重视对员工的培训。比如新人培训、常规培训、新业务培训以及野外拓展训练等，这些活动直接地体现了企业的理念与精神，深化了企业文化，也提高了员工的工作能力和综合素质，促进了企业的发展。

【案例启示】

大大小小的活动是企业发展必不可少的，通过活动，可以促进企业文化的发展，也可以很好地传递企业文化，让员工以及客户甚至是普通的社会大众了解到企业文化，从而促进企业得到更好的发展。对于这些活动，企业要让企业文化更好地融入活动中，要让活动更精彩，让活动更有内涵，让活动带动起经济效应，为企业创造经济利益，带来社会效益。

【案例 6】
那么多员工，没一个帮小杨

【案例现象】

市场部的小杨工作很认真，很多时间都用来开发客户和拜访客户，连休息日也用来工作，见缝插针的他还非常善于总结以及学习各种开展业务的方法。所以小杨的业绩每个月都名列前茅。

单位领导发现了小杨的能力，希望他能够带领新同事，但他直接拒绝了，他认为没有时间和必要去管其他人。部门召开例会，小杨也以要出去拜访客户为由，经常不参加。领导要求他分享经验和方法时，他也拒绝或是表面上同意，实际上顾左右而言他。平日工作中，有同事找他帮忙，他也是带帮不帮的。久而久之，没人愿意找他帮忙。小杨成了同事眼中的"独狼"。

有一次，小杨在公司连夜加班赶出一份合作计划书，第二天一大早直接去客户那里谈判，可到了才发现没带计划书。和客户约好的时间就到了，回去取已然不可能，客户也不会有那么多时间用来等他。小杨想到了同事，于是拨打了同事的电话，一个同事说要出去拜访客户，拨打了另一个同事的电话，也称有重要的事去办。结果没人愿意给他送合作计划书。小杨只好和客户直言说忘带了计划书，同事也都很忙，不愿意把计划书送过来。客户一听，心里对小杨这个人有了重新的认识：一般这种情况，单位同事都会积极帮忙，这是个什么单位？小杨是个什么人？可以合作吗？

对于小杨来说，更糟糕的是，市场部经理这一职位也旁落他人，小杨认为自己是最有资格竞争的员工，于是直接找到了单位领导。领导却告诉他，他能力虽然很强，但他并不适合市场部经理这个岗位，一个部门的管理者要激发整个团队的力量，靠的是群策群力，如果只靠一个人，那要团队干嘛呢？

【案例分析】

☆ 没有人能将自己举起来

人是群居性动物，任何人都有可能会需要他人的帮助，你也有机会帮助到他人。如果由于自私，或是眼里只有自己，那么最后的结果只能是受到其他人的"排挤"。

职场更是如此，因为每个团队都需要团队里的成员进行分工合作，协同作战。一个人的能力再强，都不会干成一番事业。那些只相信个人力量，没有团队意识的人，可以说是盲目、愚昧的，是没有发展前途的。如今的社会并不是单打独斗的社会了，企业和个人如果想要发展，就必须懂得集体配合，进行集体作战。其实在一个团队中，不仅仅是竞争或者仅仅是合作的关系，竞争和合作就如同人的手心手背一样，谁也离不开谁。所以管理者要合理利用这两种关系。绝对不能只竞争不合作。只有一个向心力强、办事效率高的团队才能在激烈的市场竞争中取得一席之地。

一个优秀的团队必须要共同合作、互利共赢。在一个团队中，不管是领导者还是普通员工，都应该看到他人身上的优点、闪光点，都应该积极地帮助他人，因为只有平时肯帮人，急时才会有人帮。上述案例中的小杨，无视别人对他的求助，忽视他人的感受，对他来说只是别人的事，于己是无关的。但对于他人来说，可能已经焦额烂头，亟须要获得小杨的帮助以解决这个问题。小杨这样的处理方式，只能是自掘坟墓，因为帮助一人多条路，得罪一人多堵墙，所以当他有困难时，其他人也不会伸出友谊之手。

【解决之道】

☆ 管理者要带头，打造互帮互助文化

团队发展的基础之一就是和谐的团队关系，如果团队成员之间彼此有矛盾，各怀鬼胎，那么是不会有诚心合作的。团队内成员如果只考虑到自己的利益，最终损害的是公司利益，比如上例中的小杨，其客户签约的可能性就要打一个问号了，所以构建团队内和谐的人际关系非常必要。在这个过程中，管理者要起好带头作用。

管理者要打造互帮互助文化，构建团队内部和谐的人际关系，让团队取得发展。管理者应该做好带头作用，比如主动关心有困难的员工，给予他们一些可行性建议，以帮助他们渡过难关，树立主动帮助他们的形象，起到表率的作用。管理者的行为时刻都能对员工产生影响，所以管理者时刻要做好带头作用，从而影响到一些老员工积极帮助身边的同事，帮助新同事，这种氛围的形成，有助于团队取得更好的发展。

☆ 培养团队意识

世界上没有完美的人，只有完美的团队。只要是管理者，都希望自己的团队能够发挥"1+1>2"的团队效率，因为这意味着完美的团队合力。但如果一个团队中没有团队意识的这个氛围，那么团队中的成员之间就没有团队这个概念，只会为了自己的利益和荣誉拼搏，整个团队没有凝聚力、没有竞争力，如同一盘散沙，这样的团队是毫无战斗力的，管理者也不愿看到这个结果，因此要注重员工团队意识的培养。

在团队建设中，团队意识是必不可少的内容。一旦一个团队中有团队意识的这个氛围，那么成员就会主动融入整个团队，就会以团队的立场思考和解决问题，相互之间主动配合，最大限度地发挥自己的作用，而不是每个人都想着自己。一个高效的团队并不只是每个人的集合，要求团队中成员动作或者行为上的整齐划一，而是行为和心态上的默契和配合。

☆ 团建活动的组织

管理者应该定期组织员工进行一些团建活动，比如户外拓展训练、短期旅

游、部门聚餐，还可以组织员工定期参加一些体育活动，比如打乒乓球、打篮球、踢足球，等等。通过这些工作外的一些活动，可以促进员工之间更加了解彼此，有助于员工之间的情感升华。

很多公司都会有很多部门，有些部门之间在工作过程中并没有沟通和交流的机会，可能工作一个月都不见得说上几句话，虽然都处在同一个公司，但彼此的关系很尴尬，形同陌路。团建活动的组织可以让员工之间走近彼此，从而在工作中更容易合作，即使在不工作的时候，也能聊些其他的，不至于无话可说。如果员工之间的默契度很高，那推动集体的发展就会简单很多。

此外，团建活动有助于员工彼此认识和了解，有助于整个公司的工作氛围，也能让员工感受到公司的热情。比如市场部的小李通过公司刚刚组织的团队活动，认识了财务部刚来的小林。早上在电梯口，小李碰到了小林，小李很热情地向小林问好，并且聊上几句。这看似简单的几句交流，就能让小林感受到这个公司的氛围，这个公司是有活力的，公司里的同事是友爱的，能让小林更快地融入公司。

☆ **各司其职、聚沙成塔**

如果要想成为一个有着高效率的团队，那么团队中的管理者和普通的团队成员一定要坚持各司其职、聚沙成塔的原则。

各司其职，语出《韩非子·扬权》，"使鸡司夜，令狸执鼠，皆用其能，上乃无事"，意思就是各自负责掌握自己的职责。管理者应该注意，在给员工安排工作时一定要明确分工，要让员工清楚自己应该干什么事情，哪些事情是不该干的，事情做到何种程度是合格的，这样就能很大程度上降低企业内部人员闲置问题和人员互相推脱问题。

聚沙成塔，语出《妙法莲华经·方便品》，"乃至童子戏，聚沙为佛塔。如是诸人等，皆已成佛道"。意思是积少成多，每个人都是极其重要的。管理者也要强调每一位员工的重要性，要让员工明确企业内任何一个人都是不可或缺的，少了一个人，可能这座塔就塌陷了。

【案例启示】

团队强调的是团队中的每一个成员都能共同合作，互利共赢。在这个过程中，管理者具有很重要的作用。管理者必须要做好领头人，培养团队成员的团队意识，可以通过一些团建活动，来促进团队成员的感情升温，但管理者也要本着各司其职、聚沙成塔的原则，从而推动团队员工协作发展，打造一个默契度高、配合度高、效率高的团队。

【案例7】
小华说差不多就行了，没有必要那么认真

【案例现象】

小华毕业名校，自身才华横溢，一毕业就到大企业里工作。对自己的才华和能力的自信，他认为什么事情只要差不多就行了，没有必要那么认真，所以一年过去了，他还是那个样子，工作上并没有什么太大的起色。

但是一件事彻底改变了小华对待工作的态度。上司交给小华一个任务，让他出一份策划书。一天后，小华就将策划书拿到了上司的办公室，上司拿过来大概地看了一下，问了一句："这已经是你做得最好的策划案了吗？"小华支支吾吾地说了句，"差不多吧"，上司也没说话，将策划书往前推了推，小华也没说什么就出了办公室。

小华回到了他自己的座位，想了想便进行了简单的改动，又将策划书拿到了他上司的办公室，他上司还在忙自己的工作就问他："这回是你做得最好的策划了吧？"小华心里直打鼓，犹犹豫豫地说："我再看看吧。"

一次两次的修改让小华感到这事做得确实不够好，于是全身心地投入到策划案的制作中。一个星期以后，小华拿着策划案再一次地来到了他上司的办公室。上司又问了他同样的问题，小华底气十足地回答道："是的，这是我做得最好的方案了。"上司抬头看了看他，说："好，那就放这吧！"结果，这次的策划案得到了客户的一致好评。

小华也意识到，在工作中应该抱着严谨的态度，精益求精，而不是差不多就行了。工作的时候以高标准严要求自己，每次都要修改好多次才会最终定稿。这种工作的态度与行动让小华的工作越来越出色，也越来越得到老板的重视，很快被提升到公司的管理层。

【案例分析】

☆ 用心做事，追求完美

每一名优秀的员工都应该是用心做事、追求完美的，这是好的员工应具备的基本素质。无论是一个人还是一个企业，如果只抱着"大概""就这样吧""差不多"的态度去完成每一件事情，那么完成的工作也不是高效的、优质的，取得的业绩也不可能是傲人的。市场竞争环境日益激烈，越来越多的企业家逐渐意识到对企业进行"精益管理"的重要性，这种管理的核心价值要求员工树立精益求精、止于至善的工作态度。

事实上，如果说一味地马虎了事，不仅自身的能力得不到体现，在工作上也取得不了多大的成就。就如案例中的小华，事实上是具备这种工作能力的，但天天抱着能力强，对待工作差不多就可以完事的态度，在工作中，老板看到的只是他敷衍的工作结果，当然看不到他真实的工作能力，反而认为其工作态度不行。这样的工作结果，怎么可能会得到肯定，也就不可能晋升。另外，如果一直是这种工作态度，也不利于自身的发展。小华在这里工作一年了，还是没有什么太大的起色，并且他认为自身是有能力的，但并没有意识到自身的态度问题，如果三年五年还是如此的话，他会质疑公司，怎么我能力这么强，还不给我晋升，还是得不到提拔，所以这种工作态度是不可取的，公司没有做到使其人尽其才，自身也会一直"混"下去。因此，用心做事、追求完美是每一个员工应该做到的。

【解决之道】

☆ 从小事做起

我相信一定会有一些人只是做一些他认为能够出人头地的大事，这本身没有什么错，因为每一个人都曾幻想能够干一番大事业。但是，要想实现自己的价值，必须要从小事做起。一个对小事都能投入百分百，认真负责的人，才是一个对工作负责的优秀员工，这样的员工获得成功的概率会很大。

实际上，很多人一生中的工作时间都在做各种小事，这种小事是微乎其微的。但有人认为小事不用认真去做，甚至有人认为我是干大事的人，这种小事才不会干呢。殊不知，其失败的原因就是抱着这种想法。毕竟从小事做起才能成就大事，如果一个人连小事都完成不了，又怎么能担当大任呢？

事实上，不论从事的是什么职业，都需要有责任心，把工作当成自己的使命，即使是很小很小的事情，都应该尽最大的努力去做。如果你热爱自己所在的岗位，那么在你的眼中也就没有什么大事或小事，重要的事或不重要的事之分。并且将小事做细致，不仅在小事中可以学习到一些知识，而且在做小事的过程中还能发现机会，最终获得成功。

尽管花费我们大多数时间做的可能就是一些琐碎小事，但我们绝不能就此敷衍了事。每一个人都应该清楚，与成功者的唯一区别是那些我们认为的小事情，不值得做也不会去做的小事情。恰恰相反，成功者们都在用心认真地做着这些小事。就这样，慢慢地产生了、拉大了我们与成功者的距离。

☆ 做个有责任感的人

在职场中，一个人对待工作的态度如何，往往责任感比能力更能够体现。如果一个人的能力非常强，但却没有责任感，那么他获得成功的概率要大打折扣。反之，如果一个人才能平庸，但他的责任感很强，那么他成功的可能性会更高。

一个人获得成功，能力只是重要条件之一，责任感是基石，所以责任比能力更重要。一个人如果没有责任心，不会花心思和精力把工作做到完美，"工作做成什么样""质量如何"不在他们关注的范围内，因为他们只想尽快完成工作，对自己绝对是不会提出任何高要求的。

责任感是成就事业的基石，也是评价一个员工是否优秀的重要标准。一个没有责任感的人，社会对他的认可度也不会很高，周围人对他的尊重和信任也不会很高，不仅会失去锻炼、提升自己的机会，还会失去成为一名优秀员工的机会。一个有责任感的人，往往能够得到领导的欣赏，晋升的概率会比没有责任感的人大很多。

☆ 犯了错也要勇于承担

很多人在平时的日常生活或者工作中，都意识到要有一颗责任心，但一旦遇到一些事情，或者需要其承担责任的时候，就会选择躲避或者推卸责任，实际上这是缺乏责任心的表现，这种行为是懦夫的表现，也是令人们唾弃的表现。有时候我们为了推卸和逃脱自己应该负的责任，便会习惯性地寻找各种借口。这样不仅给别人留下的印象是不好的，甚至还会痛失提升工作能力的机会。

什么是负责任的表现呢？在遇到该负责的时候，那些有责任心的人是怎么做的呢？

首先他们会主动承认错误；其次会对错误的原因进行分析；最后根据实际情

况，采取一些措施，比如请教别人、查找相关书籍学习，再去尝试。即使是再一次失败了，再去思考分析，坚定不移地执行下去，直至把问题解决。实际上在这个过程中需要花费大量的时间和精力。但当最终问题得到解决的那一刻，那种成就感只有你自己知道。当然这个过程也是积累经验的过程。所以承担责任从某种意义上来说就意味着拥有。相反，如果没有承担也就意味着失去。

如果遇到该负责的时候不负责，而是寻找借口推卸责任，那永远不会去直视这个问题，去挑战自己，能力也得不到提升，还会有再次遇到这个问题的时候，到时候还是没有能力解决，也就永远在原地踏步。只有承认错误，积极地寻找解决方法，才能继续完成任务。

总而言之，每一个人都会犯这样的错误或者犯那样的错误，但犯错后，我们应该保持头脑的清醒，冷静地进行分析和思考，让自己从错误中吸取到教训和经验，确保自己下次不掉进同一个坑。

【案例启示】

无论在工作中还是在生活中，都不能抱着"差不多"的心态做事。可以从认真对待每一件小事做起，培养自己的责任感，做一个有责任心、责任感的人。此外，犯了错也要勇于承担，这也是有责任感的一种表现，因为只有战胜困难才能成长。

事业成功的基本条件是拥有责任感，一个有责任感的人知道自己的职责所在，并努力去完成它。因此，责任感能够帮助员工建立起一个个目标，能清楚地了解自己在做什么，做到什么程度；有了责任，才能够坚持不懈地努力下去，最终在团队中实现自己的价值。

【案例8】
他是主管也是我的亲戚，该不该处罚他

【案例现象】

陕西宝鸡的宫总发现，公司后勤部门的工作比较轻松，该部门的员工工作态

度随意且闲散，有的人在上班时间总是看花边新闻、电视剧、电影，并且还对其他部门的员工宣称他们的工作很闲，随便看电视，没人管。这一现象对公司其他部门员工的心态造成了严重影响，公司里的员工纷纷抱怨管理松弛。宫总找到了后勤部门的主管，让他以及后勤部门的员工不要在上班期间干与工作无关的事情。虽然说收敛了一点，但这种现象还是很严重，所以宫总召开了全员大会，下令对公司纪律进行整肃，对各部门严厉督察，严禁任何员工在工作期间做工作以外的事情。这一命令颁布后，宫总每天会时不时地巡视公司，特别是后勤部门的巡查。

一天，他在巡查的过程中发现后勤部的主管在玩游戏，但这名主管的另一个身份是自己的堂哥。宫总犹豫了一会，就走开了，当晚和他堂哥说看到了白天的事情，让他以后不要在上班期间干与工作无关的事情了，宫总的堂哥也答应得好好的。

几天后，宫总进行巡查时又发现了比上次还严重的情形，包括后勤部主管在内的几个人围在一起打游戏。宫总这一次并没有像上次一样，当作没看见，而是径直走了过去。这几个人发现是宫总后立刻站起来。宫总当即对后勤主管进行了严厉的批评，并且当场将后勤主管的职位撤掉了，对其他员工也进行了罚款处理。随后，宫总将处罚及处罚原因以广播的形式向整个公司进行了声明。宫总还在广播中声明，不止后勤部，如果其他部门也出现类似违反纪律的现象，将严惩不贷，不管是谁，一止被发现，首先给予100元的罚款。自此，后勤部松散工作状态的局面得到了扭转，其他部门的工作人员也更加认真地工作。这件事的另一个结果是每逢家庭聚会，只要有宫总去，他堂哥就不会参加。

【案例分析】

☆ 制度与"情"的矛盾

相信很多管理者都会有宫总的经历，自己的亲戚在担任一定的职位，或者说和自己关系比较好的员工犯了错，但碍于"法"与"情"关系，处于一种纠结的状态，犹豫到底该不该对他们进行处罚。如果依照制度办事，管理者必须对他们进行严惩，不留任何一点私情；如果基于"情"办事，管理者不将这件事进行公开，而是私下叮嘱，进行沟通、批评，虽然给下属留了足够的面子，但效果可能不会像管理者想象的那么好。这样的例子在很多企业中不占少数。

实际上，如果管理者依据制度办事，不讲一点私情，可能也会造成一些员工搞"人前一套，人后一套"的小动作。比如，管理者在的时候，就做急先锋，承诺他一定认真工作，一旦管理者不在面前，还是死猪不怕开水烫，该干嘛干嘛，还是老样子。还有些被管理者批评的员工，如果这些员工心术不正，说不定背后给管理者添乱，那么管理者就会陷入麻烦中，既伤感情，又伤神。

依照"情"办事会是另外一种效果。首先，绝对的忠心，有些下属觉得跟领导的关系不错，在工作的时候肯定会完成，甚至更好。但这种比较"铁"的关系也会导致一些不良现象的出现，比如一些下属跟管理者开一些玩笑，不利于管理者树立权威！

还有一种人则自以为是，对外吹嘘"我跟某某管理者关系不错""某某是我大哥，跟我关系那么好，我犯错误不会说我的""某某是我亲戚，他不会把我怎么样的"，这些人往往自我意识比较强，不仅没有将管理者的话放在心里，也不会将公司的制度看在眼里。因为他们心里认定我与管理者关系好，我和管理者是亲戚，即使犯了什么错误，他也不会把我怎么样。

☆ 害怕惩罚员工的后果

有些企业的管理者在制度落实上就如同一根墙头草，尤其是对一些与自己关系好或者是自己亲戚的员工，害怕由于自己对他们批评会伤害彼此之间的关系，担心俩人的关系恶化，于是他们害怕对员工进行责罚，在面对员工违反纪律的时候，也是睁一只眼闭一只眼。实际上，管理者这样做的后果只能是降低自己的权威、员工会无视你的存在、团队毫无纪律性可言，你想想如果一个团队、一个企业没有纪律的话会怎样呢？我想必定是散乱的、容易造反的。

【解决之道】

☆ 根据具体情况进行处理

当发生一件问题时，管理者要对这个问题做出一个合理的判断和评估：无论这个问题是大是小，这个问题可能导致什么样的影响以及后果，这名员工发生了这个问题是什么原因，有意的还是无意的？如果按照公司制度进行处理应该是什么样结果。

当管理者把这些事情都思考清楚之后，就要对这名员工进行思考了。比如，这个员工平时工作怎么样，与同事的人际关系怎么样，与"我"的关系怎么样。

为什么还要考虑员工与我的关系呢，这就是前文说的，管理者既可以按制度办事，也可以依据"情"办事，但最终造成的后果要考虑清楚。如果原则性太强，不顾及任何情感，会对管理者和员工之间的关系造成一定的伤害；如果对于情感太过偏重，就会忽视原则，管理者有可能被下属拿捏住。所以管理者要学会变通，根据具体情况，采取合理的方式对下属出现的问题进行处理，要学会拿捏尺寸！

☆ 与员工保持适度的关系

管理者要与员工保持适度的关系，不能太生疏，也不能太亲近。如果太过生疏，员工会觉得管理者高高在上，管理者也无法真正了解员工的实际情况，导致领导和下属的关系不冷不热，公司的工作氛围太压抑，员工的积极性也很难调动，下属不愿意见到领导。如果管理者与员工之间的关系过于亲近，员工有时候便会不分场合地随意对领导说话，导致领导者无法树立权威，公司的等级观念也会遭到破坏。尽管公司的氛围很和谐，但如果真的出现了一些工作上的大错误，那么管理者与员工之间的好关系就会变得一文不值。

管理者与员工之间必须要保持适度的关系，实际上这种适度的关系也同样适用于朋友之间、亲人之间。

☆ 严厉处罚再三不守制度的员工

在一个企业中，总会有一些人一而再再而三地不守规矩，在明知违反公司制度的情况下，还是不按企业的制度做。管理者如果这个时候还对这些员工不管不罚，放纵他们，让他们任意妄为，就会导致整个企业毫无纪律可言，其他员工的工作积极性也不会高，反而对你产生质疑，质疑你的权威、质疑你们的关系、质疑你的管理能力，甚至质疑制度的权威性。反之，如果管理者严抓制度执行，对总是犯错的员工严惩不贷，那么员工自然也会被管理者的精神所感染，对自己更加严格，从而全身心地投入工作中。管理者必须要有权威，不能对下属一味地宽容、放纵，一味地包容下属的错误。

☆ 惩罚也是平衡员工心理的手段

此外，管理者也要意识到惩罚是一种手段，不仅对于犯错的员工，对于没有犯错的员工也是一种手段，可以有效平衡一些员工心理。比如如果管理者对于犯错的员工一再纵容的话，其他员工自然也会怀疑你们的关系，认为你有失偏颇。

还有的企业处于某种发展阶段时对于员工的需求无法满足，这时要制定惩罚措施来转移员工的需求注意力，让员工将高层次的需求转化为确保自身利益安全性的需求。例如，一位中级销售人员因业绩非常突出向管理者提出加薪的要求，但管理者考虑到公司的经济状况还不允许给他加薪，所以管理者可以制定一项新制度，规定中级销售人员一年内只能有 3 个月不达标的机会，不然根据不达标率从年终奖金里扣除相应的罚款。因为这项制度，那些较有能力的销售人员就会减弱要加薪的需求，从而将更多的注意力放到确保完成 9 个月任务的事情上。

【案例启示】

如何与员工处理好关系，是管理者需要思考的一个问题，也是管理者需要面对的一个挑战，说不定因为他们出现错误，你就陷入纠结的境地。管理者要学会变通，处理好制度与"情"关系，才能有效地面对各种情况。此外，对于一些一而再再而三无视企业制度、违反规定的员工，一定要进行严厉的惩罚。

第四章

团队组织

组织是什么？一般人的第一反应可能就是我们平常所说的"单位"。而人与组织总是息息相关的：在医院里出生，在学校里成长，在公司里工作，在敬老院里终老，等等。这里所叙述的医院、学校、公司以及敬老院等我们平常所说的"单位"，在管理中都被称为"组织"。

那组织究竟是什么？似乎每一个人都可以给出各种答案，给出各种各样的组织，比如：企业是经济组织、学校是文化组织、政党是政治组织、军队是军事组织，等等。但要科学、严谨地对组织进行定义，却不是简单的一件事。从管理的角度看，组织是一些人为了达到共同的特定的目标而结成的人际关系系统。

实际上，组织具备以下几方面的要素：

（1）人。实际上人是构成任何组织的最基本的要素，并且是有一定的数量的，不可能是没有人或只有一个人。在现实生活中，我们将一个组织中有多少人，称为组织的"规模"，比如划分小、中、大型企业时，员工的数量可以说是一个重要依据。

（2）目标。为什么组织能使其中的成员能够产生向心行为呢？实际上是因为组织中有他们都希望达到的共同目标。在现实生活中，一般都是根据组织的目标对组织的"性质"进行确定，并依据这个目标的实现程度来判断组织运行得怎么样，好或者不好。

（3）人际关系。如果组织中只有人，但却是一群单干的人，那么组织的目标自然无法实现。一个组织如果要将这个目标予以实现，就必定对组织中的人际关系进行规范。有协作、有分工，使组织成为一个统一、协调的整体。在现实生活中，可以根据组织的人际关系对组织的"类型"进行确定。比如建立在感情关系基础上的属于非正式组织，建立在工作关系基础上的属于正式组织。

以上三个要素是任何组织都有的共性，也是任何组织都具有的必要要素。

在本章中，组织主要指的是企业组织。实际上最好的团队组织，不是每一个员工都是骁勇善战的，而是"德者、能者、智者、劳者"并存的，上到领导者，下到基层员工，都是可以各展所长，都需要发挥不同的力量。一个企业要取得好的发展，靠的并不是一个人，而是一个团队的力量。

【案例1】
是人的问题还是组织结构的问题

【案例现象】

江苏苏州的沈总说，最近总有老客户向他抱怨，公司的服务不到位，找员工进行咨询的时候，总是没有员工搭理自己。沈总便将直接服务客户的两个部门负责人叫到办公室。两位负责人都抱怨说衔接很难，不知道客户到底咨询哪一个部门。公司在这一块并不明确，有时同时向客户服务，客户又会有种"一个公司但提供的服务不一致"，给客户的印象是很乱。沈总说，不管客户是向谁咨询公司的事情，都应该有人回应客户，不应该出现客户咨询而无人回应的情况。

【案例分析】

☆ 是人的问题还是组织结构的问题

企业管理的本质就是管人和管事。有人可能会说事情都是靠人做出来的，所以在企业管理中出现问题的话也都是人的责任。或许很多人看到这句话时，都会"嗯，嗯"地点头。这句话是一句大实话，但更是一句废话。

一旦工作中出现了问题，进行追责的时候，管理者的第一反应可能是这个问题出在员工身上，习惯从员工身上找出现问题的原因。似乎管理者总是能从员工身上找到出现问题的根源所在：工作能力差、工作态度消极、没有责任心、没有团队精神、拖延症严重、执行力差、没有沟通到位等。所以管理者对该员工给予一些帮助，似乎是解决了这个问题，但很快还是会有其他人犯一样的问题。貌似这些依附在员工身上的问题总是很多，解决不完。实际上，这种方式本来就是一个问题。

这时候，管理者应该做的就是沉下心来想一想，换个角度思考，到底是不是员工个人的问题，还是说是由其他原因所引起的，比如企业自身的组织结构。只有找出了问题的根源所在，才能有效地解决问题。

☆ **好的组织结构的重要性**

管理者应该意识到企业管理的基础平台就是组织结构，就好像 Windows 系统对于计算机。因此，如果组织结构设计得不好，或者说组织结构有问题，那么在企业的发展中出现了问题也是意料之中的事情，这些问题是无法避免的。反之，如果组织结构没问题的话，就大大降低了企业发展过程中出现问题的概率。

有句话叫作"铁打的营盘，流水的兵"，意思是对于军队来说，营房是稳定不变的，而士兵却是每年都在变化，老兵走了，新兵来了，似流水一样。企业管理也是如此，组织结构就是营盘，而员工就如同流水的兵。实际上，每家企业都会有员工入职、员工离职，团队也在不断地解散和组合，这是一个正常现象。但是，如果企业的组织设计做得不好，那么企业的管理将出现一片混乱的现象。

【解决之道】

☆ **组织设计的逻辑**

如何设计组织结构，实际上在设计组织结构的时候应该遵循这样的逻辑，在明确的战略下，要确定组织未来一段时间所需要的关键功能，尤其是对应到组织核心竞争力目标所需要的关键功能；在确定关键功能的基础上，按基本的组织设计原则进行组织架构，包括从董事会的构成到经营管理层面的管理层合理分工，职能部门的设置与定位到具体的职责厘清等。

☆ **具体的组织设计**

（1）功能定位。只有定位明确才能做好事。组织结构的设计应该和战略要求进行匹配，换句话说，战略决定组织所需要的资源和能力，组织设计必须有利于推动能力的形成，并且还要把资源向这些能力倾斜。组织功能定位要从战略定位和核心竞争力目标两方面思考。一方面，企业要确定自己的战略定位，企业要发展成什么样子、市场的占有率要达到多少、品牌影响力如何等，如果这些都不能确定的话，那么企业的发展只能是走一步看一步，如果企业的战略定位只是一个追随者，那么对这些的要求自然不会高，那对组织的创新以及要求也不会很高；另一方面，企业还要构建企业的核心竞争力，什么是核心竞争力，就是企业主要干什么，是研发技术还是营销，是提供培训还是提供咨询，等等。只有将核心竞争力构建清楚，才会将企业的资源做出合理的分配，包括政策倾斜以及人员分配，等等。

（2）职能梳理。要对关键职能进行设计，对职责进行分解。职能主要是针对部门而言，这个部门有什么功能和作用，而职责应该说是针对每一个员工，上到管理层，下到基层员工，每一个人都应该承担一定的职责。只有将职能确定了，然后明确这些职能的承担者，确定其职责，这个组织的责任体系才是完整的。如果说一个企业不知道哪些职能是主要的，哪些职能是次要的，也不知道谁是承担这个责任的人，找不到承担者，就会出现责任不清、相互推诿、互相指责的现象，不利于问题的解决以及企业的发展。

（3）架构设置。架构设置是指对岗位进行搭架构定。实际上，组织结构类型有很多，比如直线型、职能型、产品职能型、地理职能型、事业部型以及矩阵型，等等，每一种类型的组织结构都有其优点和缺点，无法说出哪一种类型的组织架构好或者不好，无法一概而论，因此管理者应根据企业的具体情况而定。

组织架构一般是不变的，要保持其稳定性，但有时候需要对组织结构进行变革，比如公司规模扩大，原有运行跟不上需要，公司的战略发生变化、公司增加或减少了业务领域，公司的快速发展对管理提出了更高的要求，由于新技术、新工艺的出现带来的重大变革等。在这些情况下，需要管理者对企业的组织结构进行变革。此外，即使企业正常运行，管理者也需要每年度对组织结构进行回顾和检讨，观察组织是否有需要优化的地方。

（4）定编定人。定编就是根据岗位的工作量以及空间分布等因素对人员数量进行配置。实际上，每一个岗位所需员工的数量都是不一样的，比如几个、几十个或者上百个，等等，这些都需要根据企业的发展情况进行确定。企业管理者需要注意的是，一定是因岗定人，而不能因人设岗，否则会对企业造成不利的影响。

【案例启示】

实际上当管理者发现员工工作出现问题的时候，第一反应可能是员工的问题，这个员工没有找到合适的方法，没有这方面的工作能力，工作态度不行，等等。管理者除了对员工进行审核之外，还应该对企业的组织结构进行审核，是不是组织结构有问题，导致工作效率不高、工作出现问题。管理者要意识到组织结构的重要性，然后在明确的战略下，确定组织的关键功能，尤其核心竞争力目标所需的功能。在此基础上，按基本的组织设计原则进行组织架构，包括管理层的合理分工，职能部门的设置与定位到具体的职责厘清，等等。

【案例2】
总监和员工一起抱怨工作太难做

【案例现象】

山东泰安的钱总公司中设有人力资源部、财务部、销售部、市场部、综合管理部5个部门。最近，人力资源部总监向钱总反映一些问题，比如自己的工作太过烦琐、具体的工作在基层员工那里得不到落实、不同层次人事管理人员的工作权责不明确，等等。人力资源部总监说自己常常被困在一些基础的人事工作中，总是疲于奔命于"刚才从销售部做绩效考核回来，明天还要将考核结果汇总报给财务部……"之类的琐事中，但人力资源部总监手下的一些人事专员也抱怨说上级布置的绩效指标，考核起来非常困难，工作进行不下去，认为应该彻底改革人力资源管理的绩效考核指标……

【案例分析】

☆ 唐僧、悟空、八戒、沙和尚一个都不能少

实际上，一个企业也好，还是一个部门也好，发展到一定的阶段时都应该具备一些基本的组织结构，就像是大家熟悉的《西游记》，唐僧、孙悟空、猪八戒

以及沙和尚一个都不能少，因为他们都为整个团队负责不同的事情，才会使整个团队能够高效地工作，而不是一团乱麻，不知道该做什么事情。

上述案例中的情形也是如此，人力资源部总监应该充当人力资源部的凝聚者、协调者以及指挥者，公司的人力资源管理战略应该由人力资源部的总监制定，为公司的业绩和整体发展的发展提供人力资源支持，但目前的现象是他被困在了最基本的人事绩效考核事务中。此外，基层的人事专员是一线管理人员，是事务实干者的角色，但他们不仅没有将领导的工作部署落实好，还抱怨工作没法进行。这样的结果就是人力资源部总监被基层的人事专员"反授权"，导致最基础的工作都不能落实。同时，人力资源部总监应该去规划的公司总体人力资源管理战略却因自己困顿在其他琐碎事情中而难以脱身，没有时间和精力，从而无所作为。

☆ 角色不明的后果

如果一个团队中不同级别的工作人员出现角色不明、权责混乱、职责不清等问题，就会出现基层工作如果都落实不了，高层管理就会受到牵制，团队目标很难实现，组织战略也会受到影响的现象。可能有些管理者会反驳说，公司是有职务说明书的，但又不一定就是完善的，职责描述的可能是不准确或者不规范、有重复、有交叉、不全面，以及职位目标权限描述不准确、不全面，上级因小失大、有下属越俎代庖等现象，还有可能是因为职位任职条件很宽松，导致人事管理基层员工的能力不够等原因造成的。

【解决方案】

☆ 分工明确

一个团队，不管这个团队是大是小，都是一种组织形式，需要一些人充当不同的角色，有分工才会有协作，工作效率才会高。《西游记》中的师徒四人，唐僧如同团队中的领导（协调）者、孙悟空就如同团队中的技术专业师、猪八戒就如同团队中的关系凝聚者、沙和尚就如同团队中的实干者，只有他们干好属于自己的工作，才最终克服九九八十一难，取得真经。

在组织战略管理中，人力资源管理团队是很重要也是很特殊的，人力资源部的总监需要自上而下把所有人事管理员工的职务、权责和工作内容进行明确，特别是将具体的工作职责落实到具体的员工头上，使不同层次的工作都可以得到贯彻和落实。这里只介绍了人力资源管理团队，实际上其他部门如此，一个公司也是如此，至于将权责明确，并落实到每一个员工身上，才会让公司的每一位员工都工作起来，每一份工作才会得到落实。

☆ **明确责任职位**

当然，有时候还会出现团队职责不充分、不完全的现象，有人可能会说已经制定了职务说明书，但这个职务说明书是否完善，其具体作用发挥得如何可能并不确定。职务说明书的制作前期需要汇总合并部门所有职位职责，还需要与部门职责对比，然后对责任职位进行明确、填充。

团队职责必须进行划分，不同层级的职位担负的责任也会有所差别，所以每一层级的职责都需要进行详细的描述。此外，部门领导如总监或主管等还需要添加、补充相关专业战略实施的内容。

职责描述得不准确、不规范、不全面，那么交叉、有重复等现象都有可能出现，所以在制定职务说明书时，要统一按照一定的模式，如内容+目标+负责程度+衡量标准，进行准确、规范、全面的描述，做到无交叉、无重复，能体现职位价值。

☆ **将目标与职责做"十字交叉"**

当岗位的目标权责描述出现不全面、不准确的问题时，可以纵向排列团队的总体战略目标，横向整理每个岗位的工作职责，就会出现目标与职责的"十字交叉"的结果，这个结果可以清晰地看出各工作岗位的目标与权责。

如果出现员工没有能力胜任工作的问题，在对岗位任职条件进行制定时，需要进一步严格任职资格的标准以及考核的要求。

【案例启示】

团队整体战斗力的保障是团队成员角色分工适当，如果一个团队的成员角色不明、分工不明确就会使工作出现各种问题，可能连最基本的工作都很难落实到位。所以，企业的管理者要做到团队成员角色明晰、分工明确，还要明确责任职位，可以将目标与职责做"十字交叉"，就可以清楚地看到每一个职位所要达到的目标以及所要承担的责任。此外，还有一些工作落实不到的情况，如果是员工不具备这项工作能力，则需要在制定岗位任职条件时，严格任职资格的标准以及考核的要求。

【案例3】
十羊九牧下的员工要离职了，该怎么办

【案例现象】

江苏南京的葛总收到了甘肃分公司刚刚上任半年的许总监的离职信，他说出了他离职的主要原因，就是因为他忍受不了在公司里"十羊九牧，一国三公"的痛苦了。

分店成立后，葛总直接派过去一个总经理以及两位前总经理，因为南京毕竟和兰州的市场环境有些差异，所以打算再招一个熟悉甘肃市场的市场总监。这个市场总监的能力必须出众，并且在同类产品和服务市场开拓方面有丰富的经验，许总监的条件正好符合他们的要求，所以许总监被高薪聘为甘肃省的市场总监。

由于有着丰富的经验以及对甘肃市场的熟悉，在他上任没多久就为公司打开了局面，所以得到了分公司经理以及两位副经理的一致肯定和赞扬。在工作中取得的成就让他自己也觉得前途是一片光明，认为只要凭借自己的努力一定会取得更好的业绩和成就。但是时间没过多久，他就高兴不起来了。

原来他发现经理和两位副经理的意见总是不一样，总经理强调市场份额是根本，陈副经理强调最重要的是利润，而何副总经理又强调要重视销售渠道。最麻烦的是，他们总是让许总监按照自己的意志制定营销策略，每个人都强调自己是对的，结果把许总监弄得根本不知道听谁的，无所适从。

三位经理还经常单独找他进行沟通，希望他能按照自己的想法办，并且还要求他要和其他领导能够搞好协调工作。因此他只能非常小心谨慎地在三位领导间进行周旋和沟通，这消耗了他大量的精力和时间，他花在工作上的精力以及时间越来越少。

事实上问题还远不止这些，有时几位经理的意见不一致，连小小的方案都需要改来改去，市场营销方案总是一拖再拖。市场部精心策划的营销活动总是因为几位经理的意见不统一需要进行多次的修改，最后也只能匆匆进行，因为太匆忙，常常出现问题。市场部的员工也经常被折腾得回不了家，怨声载道，时间没过多久，很多员工因为受不了这样的折腾辞职了，最后许总监也提出了离职。

【案例分析】

☆ 多头领导

许总监所面临的主要问题其实是企业的多头领导，换句话说是一个企业有几个人说了算，如果这几人的意见不一样，会导致下属不知道该听谁的，感到无所适从。这种情况对员工工作的正常开展有直接的影响。因为领导的意见不一致，所以就会出现无论员工怎么做都无法满足所有领导的想法，从而造成领导不满意，也不会支持员工的工作，甚至有的领导还会故意阻碍不听话员工的工作进展，由此导致严重的内耗，无论做什么、怎么做都是浪费时间。

企业中出现多头领导的现象涉及管理学中的手表定律。手表定律，也被称为矛盾选择定律或者两只手表定律，意思是指当一个人只有一块手表时，可以知道确切的时间；当一个人拥有两块或者两块以上手表的时候，并且这些手表显示的时间都不一致时，就会对戴表的人造成影响，使他没有办法得到一个准确的时间，可能会出现混乱，让看表的人失去对获得准确时间的信心。

手表定律应用在企业中是指无论是一家大的企业还是一个小的公司都不能同时由两个或两个以上的管理者领导，否则员工就不知道该服从谁的领导，从而无所适从。企业出现多头领导的原因主要是由于领导职务存在交叉重叠，公司层级设置得比较多，授权不清，不同领导之间有一定的干扰。

如果更深层次地理解这个定律的话，是指一个人不能同时拥有两种不同的行为准则或者价值观念，不然他的生活以及工作必然会陷入一片混乱之中。

【解决之道】

☆ 一个领导的原则

企业在管理上必须遵守"一个上级"的原则，一个团队、一个部门、一个公司只能由一个人领导，由一个人说了算，员工们只对自己的直属领导负责，除此之外不再接受任何人的领导。不要一个公司出现越权、越级以及多头领导的情况，否则员工不仅会感觉无所适从，也会对工作造成不利的影响。坚持一个领导的原则，可以有效避免职责交叉、多头指挥，上级政出多门、谁都管但谁都无法负责，下级谁都得听但不知听谁的状况，从而促使公司管理层的决策能够有效、迅速地得到下级的贯彻执行。

☆ **责任划分清楚**

管理者要将责任划分清楚，该谁负责的工作就谁负责，一项工作的负责人只有一个，负责的人有什么样的权利，能做什么，不能做什么，都要有明确的规定，这样做的好处就是可以有效防止某些领导随意插手、干涉员工的工作。

对组织进行梳理的时候，要把那些责任没有划分清楚的工作梳理出来，并提出解决方案。

☆ **企业制定明确的目标**

企业要制定明确的目标，一旦这个目标确定了，一切工作就都要按既定的目标进行，不能随意地对目标进行更改，因为这样做只会让员工们感到无所适从，对管理者的权威产生质疑，对公司失去信任。

【案例启示】

很多企业存在上级谁都管、下级谁都得听的现象，这样只会造成企业的业绩不断下滑。实际上，无论是管理一个人还是一家企业，不能由两个或者两个以上领导同时进行指挥，不可以同时设置两个不同的目标，也不可以同时采用两种不同的方法，因为这样做的后果是容易造成员工感到无所适从，耗费时间和精力游走于领导之间等，从而对工作造成影响。企业要坚持一个领导的原则、制定明确的目标。此外，还要将责任划分清楚。

【案例4】
这个指标还在讨论，员工就说完成不了

【案例现象】

四川成都的范总说，公司的一些员工让他感到头疼，有些员工不服从他的指挥。公司里准备推行新一轮的绩效考核体系。范总将员工叫进了会议室，对绩效考核的指标进行讨论，范总话还没有说完，就有员工插话说："范总，您这是在和我们开玩笑吗，这个目标根本不可能完成，简直就是天方夜谭啊。我们就算是拼了老命也完成不了。我不管，这个目标完成不了。"实际上，范总认为这个目标对他们是有挑战性的，但也是有可能完成的。员工还没听完就抱怨说完不成，这显然是对范总的质疑与不服从。范总面对这种情况，也不知道该如何处理。

笔者就对范总说："实际上，员工和你是两个立场，你们看问题的角度当然会有所差异。这时候，你需要让员工先服从你，先干起来，如果都不干了，问题都堆在这，企业还怎么发展下去。"

【案例分析】

☆ 立场不同，看法自然不同

实际上，管理者一般都是站在企业战略的角度，为了既定目标，需要增加销售渠道，提高销售量，等等。而员工基本上站在自己的角度，根据自己以往的经验，或者根据自己的实际能力，或者根据上一季度的销售额等对管理者给出的指标抱着不可能完成的想法，从而与管理者进行争论，由此，陷入对峙的状态。

实际上这种现象的发生也很正常，因为管理者和员工思考问题的角度不同，对一件事情自然会有不同的看法和意见。

【解决之道】

☆ 上下级进行沟通

如果上下级之间出现了一些问题，一定要及时地进行沟通，以求解决。如果不进行沟通，那么矛盾无法解决，也会使上司与员工的关系越来越僵化，造成更大的损害，对企业的发展也会造成一定的损害。

就拿上述案例来说，如果上下级没有进行充分的沟通，或者说员工表面服从了，内心还是极其抗拒的话，在后期的发展过程中，管理者也不采取任何措施，就会出现绩效考核目标是定下来了，表面上看员工也没有什么意见，但如果员工只是身体来上班了，心思没有放在工作上的话，那么绩效考核目标就只是一个目标而已，定多定少都无关紧要了，因为员工压根儿就没想着完成这个目标。

在与员工进行沟通时，管理者应该将自己的意图说给员工听，并且将在执行过程中发生的一些问题提前说出来，给出解决方案，给员工一定的信心。如果沟通之后，员工与管理者能达成共识，那自然是最好不过的。

☆ 服从，先做事

如果上下级沟通之后，员工还是不能理解管理者的意图，管理者就必须让员工先服从，先做事，先工作起来，然后在执行的过程中进行调整。不管在执行的过程中遇到什么困难，都要先将目标定下来。因为只有将目标定下来，员工才会有方向，不会觉得做多做少都无所谓。如果大家的眼里都是困难，就只会停在口头上，不实际行动，那企业还如何发展，战略还如何落地呢？当管理者与员工发生争执的时候，员工一定要无条件地服从上级的指挥，一定要让员工先做事，在做事的过程中调整工作思路以及工作计划。

【案例启示】

当员工与管理者有争执的时候，一定要与员工进行沟通，如果沟通之后，员工与管理者达成共识，那样最好；如果沟通之后，还是没有达成共识，管理者一定要让员工服从指挥，让员工先做起事情，在执行的过程中进行调整。如果一味地停留在争执中，企业还如何发展？战略还如何落地？

【案例5】
都是越级汇报惹的祸

【案例现象】

河北石家庄的销售部某组长小穆最近比较烦，一是因为销售越来越不好做，客户对产品的要求越来越高；二是公司的总经理经常越过销售部的总监——自己的直属领导，向自己了解工作进展。销售总监显然对自己经常与总经理直接进行沟通的现象不太高兴。最近，小穆所在的小组与另外一个小组发生了一些业务上的争执，按照公司的职能划分，此时需要销售总监出面对两个小组进行协调，但销售总监却在当中"和稀泥"。问题一直不能得到解决，对销售人员的积极性造成了极大影响，两个组的销售业绩一路下滑。出于无奈，小穆直接找到了总经理，向总经理进行汇报，总经理找到了销售总监。销售总监对小穆的越级汇报大为恼怒，随之对他所在的销售小组的工作处处制约，在客户信息以及人员安排等方面也给他所在的那个小组以冷脸。小穆陷入了职业的困境。

【案例分析】

☆ 越级汇报的危害

实际上，越级汇报的危害有很多。越级汇报对企业来说会造成什么样的后果呢？

（1）越级汇报将公司的管理流程打乱了，会对管理工作造成紊乱。

（2）越级汇报容易制造一些矛盾，对公司的沟通平台造成一定程度的破坏。

（3）越级汇报对直属上级的工作热情有一定的打击，破坏了其管理权威。

（4）越级汇报鼓励了个人私心膨胀，对团队精神会造成破坏。

因此，在企业中应该严格禁止越级汇报。

☆ 出现越级汇报的原因

基本上每一个企业都会有一套比较成熟的管理流程。在现代企业中很多管理者模式是三级管理模式：总经理、部门经理以及员工。也有很多企业采用的是四级管理模式：总裁；各职能部门的总监，如销售总监、财务总监等；部门的主管或经理等；员工。实际上每一级员工是按照其隶属关系，对上级负责的。公司管理职能也是通过逐级对任务进行指派、逐级授权而实现的。在实际工作过程中，下级需要对上级负责，将工作进度汇报上去，上级也要监督指导下级。

既然公司都有一定的管理流程，那为什么会出现越级汇报的情况呢？可能是由于以下几方面的原因：①员工缺乏职业习惯；②员工对公司的管理流程并不清楚；③员工与上级之间的沟通存在障碍；④员工出于某种个人表现欲望。如果出现越级汇报的原因是前两种的话，企业需要通过加强入职培训来克服这个问题。如果出现越级汇报的原因是后两种的话，员工应该更多地从自身找原因。职场不能越位是每一位员工应该牢记的。

在上述案例中，导致小穆陷入工作困境的是他犯了职场大忌——越级汇报。或许他会认为责任不在他，觉得委屈，因为是总经理先对他的情况进行关心的，所以才会有越级汇报。实际上在职场中，是允许存在越级沟通的，总经理有权利向基层员工了解更直接的信息，也可以与员工进行直接的沟通来激励他，等等。但他越级汇报的理由绝对不是总经理与他进行沟通。小穆正确的做法是与中心总监进行良好的沟通，如果总经理与小穆沟通的内容只是工作的事情，可以把沟通内容转告中心总监。当工作中遇到困难的时候，最好先与总监进行有效的、良性的沟通，解决部门之间的隔阂，如果还是不行的话，最后可以通过总经理协调。

【解决之道】

☆ 正确对待员工越级上报

企业的管理者们，如果有一天你的下属对你进行了越级汇报，你会怎么办？实际上管理者可以从以下五个方面进行入手，解决员工越级汇报的问题。

（1）动之以情。从爱护他、帮助他的角度出发，使越级汇报的员工感到自己这一行为是不对的。

（2）晓之以理。将自己的管理原则告诉越级汇报的员工，让他了解自己的管理原则。

（3）上下沟通。要让公司的每一位员工，无论这位员工是基层员工，还是中层管理者或是高层管理者，都应该让他们知道越级汇报的利害，正常情况下严禁越级汇报。

（4）申明利害。当有员工向你进行越级汇报的时候，管理者需要让他意识到越级汇报的利害。

（5）坚决处罚。对于不听劝告、一再进行越级汇报的员工，管理者一定要坚决对他进行惩处。

实际上，一个成功的管理者在面对越级汇报的员工的时候，一定会对他的行为进行制止。越级汇报的员工其实给管理者留下的印象也很差，因为你的越级汇报，管理者会认为你没有服从性，喜欢一意孤行，喜欢为自己的执行力找各种借口，对上级的战略思想与战术指导也是否定的想法，个人主观意识过于强烈，喜爱出不该出的风头。

☆ 允许越级汇报的情况

你会不会想只要有员工进行越级汇报了，就对他实行上述的做法呢？其实不是的。实际上，有些情况是可以允许员工进行越级汇报的，只是这些情况非常特殊。还有就是，一旦决定越级汇报了，就要做好最坏的打算——离职。

在下面几种情况下，可以考虑越级汇报：

（1）中层领导并没有理解高层领导的战略意图和战术方案，反而很明显地曲解了。

（2）中层领导出于想谋得私利，对高层领导的战略意图与战术方案故意曲解地传达。

（3）中层领导对下属的打压行为非常明显。

（4）中层领导为了逃避本该自己负的责任，所以设计圈套把这些责任转移到下属头上。

（5）中层领导有着非常强烈的主观意识，对于真实的现状拒不接受。

如果某一位员工决定采取越级汇报的话，一定要对情况做出非常准确的判断，而且有充分的证据证明自己的观点是正确的、无误的。并且一定要保证越级汇报的初衷是出于对工作的责任感，是为了整个公司的利益，并不是为了一己私利，并不是为了改变个人的工作境况。越级汇报是特殊情况下所采取的不得已而为之的非常手段。

【案例启示】

管理者要意识到越级汇报的危害，越级汇报不仅会影响上下级的关系，还对公司的管理提出了挑战和威胁，所以当管理者面对越级汇报的员工时，一定是要让他意识到越级汇报的危害，让他意识到这是错误的行为。如果该员工不听劝告的话，一定要对其进行严厉的处罚。此外，如果你是一名打算越级汇报的员工，你要做好最坏的打算——离职。要保证自己的观点一定是正确的，是为了整个公司的利益着想的，并不是为了自己的利益才进行越级汇报的。

【案例6】
没想到公司部门之间的墙那么厚

【案例现象】

销售部最近的业绩下滑得很厉害，王总就将各个部门的经理叫到会议室准备开会，让各部门领导总结一下业绩下滑的原因。销售部的李经理说他们部门的人已经很努力了，现在也在采取一些措施，正把业绩提上来。其他部门的经理也说会积极配合销售部门的工作。

王总通过会议没了解到什么有用的信息，反而无意中听到了员工们的聊天。说李经理认为销售部业绩下滑的原因是因为市场部提供的客户资源以及客户回访的信息不足，导致销售部的人员没有多少资源。而张经理说按照正常工作程序会给销售部同事客户信息的，销售部的业绩下滑和他们没有关系。王总向员工了解才知道，市场部的张经理和销售部的李经理一直不和，但令王总没有想到的是他们在工作中也带着情绪，使工作出现问题。

市场部的张经理对销售部的李经理有意见，但他从来不向李经理当面讲，只和自己的员工讲，以至于整个公司上上下下都知道，就李经理不知道。实际上，就算李经理知道张经理对他有什么意见，他也不可能直接去问张经理，因为李经理也知道去问也只会是自讨没趣。李经理经过一段时间后，也知道张经理背后说他坏话的事情，便也说张经理的坏话，所以公司里的每一个人都清楚他们之间有矛盾。

王总于是把他俩叫到一起，让他们彼此将心里话说出来，但张经理和李经理莫名地统一了战线，一致否定这些事，还说两个人合作很好，私下关系也很好。他们是不会在王总面前将矛盾暴露出来的。王总没想到销售部和市场部之间的"部门墙"原来有这么厚。

【案例分析】

☆ 部门协作的难点

实际上部门之间的合作并不像一个部门的工作那么好处理，往往会出现很多问题，那是因为部门之间的合作存在很多难点。

（1）没有强制性。实际上各部门经理的职位相同、权力也相当。彼此间也没有上下属、领导和被领导的关系，所以部门协作没有强制性。

（2）部门本位主义。实际上对待同一件事情，两个人因为角度、立场不同都会出现矛盾，更何况两个部门呢，所以在一些具体的工作中，因为立场不同，各部门经理必然会出现一些争论。例如，生产部门的经理会从生产的角度看待企业的发展，而销售部门的经理则更看中产品在市场中的竞争力。实际上，这种争论是很正常的，因为他们彼此的立场和视角不同，看法当然会出现不同，但对企业整体目标的实现则会产生很大的影响。

（3）以自我为中心。实际上每一个部门都涉及业绩考核，有的部门会共同负责同一个项目，从而产生协作。所以，各个部门的经理在合作中会形成相互竞争的关系。但经理职位一般属于比较高的职位，并且经理职位大都是相当的，他们之间没有管辖与被管辖的关系，所以经理间的竞争关系很容易导致彼此轻视，认为自己以及所在的部门对公司的影响更大，重要性也更大，自己的能力更强。

（4）背后揭短。与西方企业有一点不同的是:中国的企业在管理上更讲究人情，而西方企业的管理则依靠制度。中国有些企业对员工的能力和贡献(或职责)之间的匹配关系并不一定很注重。在这种企业文化中，员工在工作的过程中免不了互相评价、互相议论。并且中国人的一贯做法是对某个人有意见都是对第三者说，从不向当事人说。

（5）不主动沟通。实际上不仅要做到上下级之间的沟通，同级之间的沟通也非常重要。如果横向没有沟通，一旦出现了什么问题，大都也不会主动寻求解决方法，只是采取观望的态度，这也是横向管理的难点之一。

案例中的李经理和张经理就体现了部门协作难点中的几个，不仅不直接沟通，将彼此之间的抱怨、看法说出来，还在背后揭短，这当然会导致彼此之间的矛盾越来越深，并且这种情绪难免会带到工作中，对工作造成不利的影响是必然的。

【解决之道】

☆ 强力推进组织变革

企业的管理者在面对这种问题时，要及时对组织结构进行审核，看看是否有需要优化的地方，如果有优化的地方，一定要强力推进组织变革。可以从以下几方面入手。

（1）摸清企业的"老板病"。实际上如果企业出现了严重"部门墙"的现象，那么只能说明这个企业在经营导向方面出现了问题，因为严重"部门墙"与企业经营导向的关系非常密切。经营导向出现问题包括两方面：一方面是经营导向不明确，说得好听一点是追求盈利最大化，但实质如何追求却没有明确地提出来；另一方面是企业压根儿就没有导向，企业的发展好比"脚踩西瓜皮，滑到哪里是哪里"。

（2）将企业的"结构病"摸清。管理者可以从三个方面对企业的结构病症状进行检讨：一是经营业绩；二是组织管理；三是人事信息。一般来说，"部门墙"可以反映出的结构病症状如下：权责模糊，推诿指责；建议降低，抱怨增加；效率低下，业绩忽上忽下；人才流失，庸才当政……

（3）推行企业的组织变革。企业的管理者要以业绩为导向，以考核为核心，以目标为手段，对组织结构（机构、职能、职位、权责）进行重新设计，将那些光说不练、只说不做的纸上谈兵的人请出企业，重要岗位要引进德才兼备者担任，授之以权力以及相应的责任，大刀阔斧加以改革。

☆ 对中高层进行强力推进"洗脑"工程

企业中一般的培训对"部门墙"厚重的部门及员工是没有任何作用的，管理者在这个时候要下猛药、出重拳、支狠招。可以采用如下方法：

（1）高管优先进行脑力振荡。企业的发展离不开一些高管，高管对企业的作用是可想而知的。企业管理者要让高管参加一些专业培训机构的拓展训练，让其优先接受脑力振荡，这种脑力振荡并非通常意义上的"脑力激荡"。

（2）中、高层同步拓训。如果企业中有出现"部门墙"这个病症，管理者可以开展一些针对性比较强的拓训项目，比如，背摔、盲人阵、共进退、七巧板、空中桥、过电网、毕业墙等，让员工通过这些项目，可以理解到团队作战、平行协调、主题沟通的重要性。管理者要组织高层、中层集体参加，打乱日常领导序列，让每一位员工都能够平等参与，最后由企业老总压阵。在进行拓展训练的过程中，每当一个项目完成，管理者都要求员工结合生活、工作做一些检讨、报告；在拓训结束之后，员工要将拓训感言上报，编辑成册，张榜公布，加以巩固。

☆ 强力推进流程重组

出现"部门墙"的最根本的原因是公司的管理不系统、流程不畅顺导致，出现了管理上的混乱。进行流程重组是解决这个问题的一个好方法。但要注意以下几方面：

首先，相关负责人亲自参与，聘请一些专家，从管理诊断入手。

其次，从系统设计开始，用几个月时间，一般是6~8个月，对流程进行设计，将规则制定出来，对权责进行明确，强力实施。

再次，必须结合目标管理进行流程重组项目，目标管理必须结合目标经营进行展开。

最后，消除内部反弹。企业中如果有严重的"部门墙"，那么企业一定存在极大的抗拒性。这时候就要老板体现决心以及魄力：对员工心态进行鉴别、对各种意见进行倾听、对各种反弹意见进行压制、将执行阻力消除掉。

【案例启示】

很多管理者在面对两个部门之间协作不协调时，即企业中出现"部门墙"时，不知道该如何处理，或许有些管理者认为这仅仅是两个部门领导的问题，将他们进行协调好就行了，或许这能解决一些问题，但管理者在面对企业中出现"部门墙"的时候，一定要结合组织变革、"洗脑"工程、流程重组三个方法。管理者要注意结合使用这几种方法：组织变革是硬保证、"洗脑"工程是软保障、流程重组是真功夫，缺一不可，不可偏废。

【案例7】
我外甥小董升职，员工认为是因为我的关系

【案例现象】

深圳的李总和我说，谈到他的外甥小董升职的事情让他很苦恼。苦恼的是因为外甥从人力资源部的一个员工提拔到了人力资源部的总管后，背后总有些闲言碎语，甚至有人直接到他办公室单独说过这个事情。这些议论纷纷让他头疼：

"刚工作两年，就做了部门主管，真是匪夷所思……"

"李总要是我舅舅，那我还在这干几年？恐怕早就是部门主管了……"

"还不是因为他是关系户……"

实际上，小董还是蛮委屈的，虽然舅舅是公司总经理，但是靠自己能力进入公司和升职的，与舅舅没有关系。

在公司里，和他差不多年龄的同事中，他是仅有的几个工商管理硕士学位的人之一，并且通过一系列改革，给公司增加了活力，带来了勃勃生机……

李总说："怎么大家的眼睛都盯着他是我外甥呢，他做的成绩也是显而易见的啊！"

我跟李总说："实际上，小董并没有什么错，你也不需要苦恼，因为无论是升迁还是处罚，都要有一定的考核机制，并且这个考核机制是所有员工都了解的，考核标准也是统一的，考核结果需要公开公布。考核结果在如此公开透明的考核机制下出来是最具有说服力的。"

【案例分析】

☆ "关系户"与公司的发展

与管理者有血缘关系的员工普遍心态有以下几种：

（1）怎么干都可以，老板都是自己的亲戚，还能把我开除啊？

（2）即使业绩差一点，犯了一些小错误，管理者碍于面子，也不会批评他们。

（3）我升迁加薪是因为我的工作能力强，能胜任新职位。

以上的种种现象是家族式企业会面临的问题，但血缘"关系"的存在，不敢处理，也不能处理，即使处理了也不会重罚，以免伤了亲人朋友的和气。有的人业务能力强，升了职也会遭到公司其他员工的议论纷纷。

其实，无论是升职还是处罚，都需要一定的考核机制，当考核结果下来时，绝不能因为"关系"就不去执行，否则这样的考核机制形同虚设，起不到任何作用。如果考核结果下来后，根据考核机制进行处理，那么员工对考核工作就会持合作态度，对产生出来的考核结果也会理解和接受。

【解决之道】

☆ 考核标准一定要公开

考核一定要有考核标准，要让员工知道自己是不是在考核之列，另外也提醒了一些不符合标准的、有想法的员工，让他们自己知道"走后门"也是无用的。

很多公司年终都有年会，对一些绩效做得好的员工进行奖励，也评选出年度优秀员工。南昌某公司在年会的前大半个月就会把一些评比标准张贴出来，比如绩效超过xx万元、完成项目xx个、迟到请假多少次等，通过这些具体的考核标准，使员工明白考核的点在哪里，同时也清楚自己能不能入选年度优秀员工。

☆ 考核结果一定要公开

尽管是依据考核机制出来的考核结果，但还会出现小部分员工对考核结果不满的状况。为了防止这种状况的出现，有些公司会采取考核结果不公布的做法，员工并不清楚考核结果如何。

实际上，考核结果需要让员工知道。如果考核结果不公布，员工会对考核的真实性有所怀疑，甚至对上级的公正性也会怀疑。比如最终哪些员工以什么样的结果在薪酬上、奖金上、培训机会上有什么机会，这些都需要公开公布。与其等一切尘埃落定了，到最后谁也说不清楚，还不如一开始就把这些公开透明。

另外，考核结果公布的另一个目的是对员工进行激励。通过考核结果，能及时地将员工的工作绩效反馈给员工，每一位员工可以清楚地看到自己的工作情况，也能清楚其他同事的工作情况，既可以看到与第一名的差距，也能看到自己处于什么状态。如果员工在长时间内对自己以及同事的工作状况并不清楚，实际上是不利于员工的发展的。

☆ 申诉渠道要畅通

如果员工对考核成绩存在非常大的意见，就有可能要申诉，这是一件很正常的事情。事实上，企业应该为员工建立提意见的渠道。如果没有反馈意见的渠道，员工反而会采取其他一些措施，比如背后议论，把意见藏在心里，在工作中发泄。这些都是管理者不愿意看到的，所以申诉渠道一定要畅通。

人事经理在对考核申诉进行处理时，要将精力集中在两方面，即申诉渠道和申诉程序。人事经理要保证申诉公开、公平、公正地得到处理。对待最终的决策权，人事经理本人是没有的。人事经理可以从以下几方面进行处理。

（1）申诉人以书面形式进行申诉报告，列清为什么申诉、申诉什么等。对于申诉人提交的申诉内容，人事经理需要予以进行验证，以确保是真实的、可以进行申诉的。

（2）人事经理验证后，要组建"工作述职评审小组"，小组成员可以由公司的常务副总、其他与该员工工作交往的总监、部门经理等组成，但为了申诉的公平性、公正性，该申诉员工的直线经理不能参与该小组。

（3）召开工作述职评审会议。申诉人可以尽情阐述自己的想法。然后评审小组进行提问，提问内容可以是工作上的细节，也可以是一些事情的观点，等等。

（4）最终考核由小组成员评定。需要注意的是，在整个申诉的过程中，对员工一定要予以尊重。表面上是公司对员工申诉的重视，实际上体现的是公司对员工本人的重视。

【案例启示】

无论是"有关系"还是"没关系"，都要依据工作业绩评定其升职与否，需要一定的考核机制，且一定要注意以下几点：①考核标准要公开。②考核结果要公开。③申诉渠道要畅通。公开性、透明性的考核制度一定会让员工理解并接受，且能激励员工，不断向前努力。

第五章

团队业绩突破

基本上每个公司都需要有业绩，因为只有出业绩，才能谈生存问题或者发展问题。没有业绩，公司就没有利润，员工就不可能有丰厚的薪水。只有公司能出很多业绩，有了很高的利润，员工才可能获得更好的回报。所以，从某种意义上来说，为公司赚钱就是为自己加薪。因此，无论从事哪一个行业，都需要用好的业绩证明你是公司珍贵的资产，证明你可以帮助公司赢得利润。谁为公司创造的利润高，谁的薪水就多。比尔·盖茨说："能为公司赚钱的人，才是公司需要的人。"

企业看的永远是结果，即业绩，而并不是出业绩的过程。而有效的管理也必须遵循一个原则，即业绩导向。事实上，管理的真正目的就在于达成结果，做出业绩。所以，成功的管理者从来都只问业绩，而不过多地计较出业绩的过程。

当一个企业由上而下地将业绩导向当成是工作原则和工作理念时，可以看出这样的公司是一个非常有效率的公司。很多名不见经传的公司能在非常短的时间内发展成一个有实力的、规模很大的公司，一定有重要的原因：把业绩导向这一原则作为企业管理原则的第一条，且是最重要的一条。事实上，那些长盛不衰的、经历很多年发展的公司的业绩导向原则都极强，因为他们知道市场在任何情况下都不会同情弱者，市场也不会因为某一个人的努力而给予特别的恩惠，业绩是市场唯一相信的东西。检验一个企业能否生存和取得发展的唯一标准就是业绩。如果想让你的企业、团队保持良好的运行、取得很好的发展，管理者就必须要以业绩为导向，检验自己的员工。

【案例1】
业绩还是这么低，鼓励没啥用啊

【案例现象】

乌鲁木齐的陆总这几个月来一直很烦恼，原因是这几个月的业绩一直处于低迷状态，上周末还搞了一次促销活动，希望能够提升业绩，可结果也是差强人意。陆总说："每次总结大会，看到他们一个个垂头丧气的，我也很难过，但我是老总啊，我不能也垂头丧气吧，只能鼓励他们，表扬他们做得很棒，让他们不要气馁，不要放弃，下个月一定会有所提升的，他们会成功的。员工听后，也都很有感触，又是自信满满的样子。但结果还是没怎么变，业绩还是这么低，我真是不知道该怎么做才能够把业绩提升上来呢？"

【案例分析】

☆ 鼓励需要，"骂"也需要

有些老总在面对上例的情况时总是采取和陆总一样的方式方法，对员工进行鼓励，总是认为他们下一次一定会做得更好，因为失败是成功之母嘛，但五次下来，并不会有什么改变。员工也会认为做得好与不好没有什么关系了，反正老总也不会怎么样，反而会不断鼓励我们，他也认为我们是尽力了，又不会挨骂。事实上，如果是员工没有尽最大的努力去工作，只是敷衍了事，那么老总应该换一种激励方式去鼓励员工，比如"骂"，有些人自认为自己做得很好，如果这个时候，管理者还不站出来，让他认清现实，那么也只能一直糊涂下去了。所以管理者应该掌握多种激励技巧，面对不同的情况，采用适当的激励方法对员工进行鼓励，这样才会取得激励效果。上例中的陆总由于一味地采取激励方法，不仅对员工无利，对企业的发展也会造成影响，对自己的权威也会造成影响。

☆ 诸葛亮七擒七纵孟获

七擒七纵，这个成语大家应该都很清楚，它来源于《三国志·蜀志·诸葛亮传》："亮率众南征，其秋悉平"，裴松之注引《汉晋春秋》："亮笑，纵使更战，七擒七纵，而亮犹遣获。"意思是什么呢？比喻运用策略，使对方心服归顺自己。孟获三番五次地被诸葛亮擒住，除了诸葛亮足智多谋外，与孟获本身的关系也很大。

孟获每次都认为自己能够成功，结果还是被诸葛亮擒住。孟获总看到一些表面东西，总把眼光放在别人的短处上，对自己的失败原因也不进行总结，反而最后没有脸面回去，只能顺服蜀汉，听从管辖。

事实上，在如今的社会，也有很多和孟获相似的人，他们总是把自己失败的原因归结于对手太强、一次大意了而已等，对实际问题所在不进行分析、不进行总结，结果还是失败。

无论是成功或者失败，都应该进行总结，总结什么是关键。成功时可以总结成功的方法经验，失败了要找出失败的根本原因，总结失败的教训。如果失败了，还是不管不问，那么下一次，掉进同一个坑里也是必然的。

上述案例的陆总，只担心员工会丧失信心、没有斗志进行鼓励，对产生的问题的根本原因没有进行分析，没有采取有效的解决方法，那么问题还在那里，这种鼓励又有何用呢，起不了根本性作用。治病不能浮于表面，要深入病根才能彻底根除疾病。

【解决之道】

☆ 吾日三省吾身

吾日三省吾身出自《论语》，曾子曰："吾日三省吾身——为人谋而不忠乎？与朋友交而不信乎？传不习乎？"曾子说："我每天多次反省自己：替别人做事有没有尽心尽力？和朋友交往有没有诚信？老师传授的知识有没有按时温习？"其实，工作也是如此，应该经常总结反思。对一些不足的或者一些有问题的工作进行总结，找出出现问题的根本原因。

现在什么都在追求快速，比如高铁的速度越来越快，快递也越来越快，很多人没有心思停下来，去想一想，去总结反思。以致跟不上时代的发展，很有可能会错失公司发展的黄金时期。实际上，无论员工也好、企业老总也罢，都应该积极地进行反思，总结问题所在，总结失败教训，而不至于一错再错。

☆ 找到解决措施是根本

实际上，找到出现问题的原因只是其中很重要的一个步骤，找到解决这个问题的方式方法也是必不可少的一个步骤。很多企业都承受不了一次又一次地摔跟头。所以摔过一次后就进行总结，发现自己的不足，并采取相应的措施，进行完善，以避免再次摔跟头。

【案例启示】

出现了问题，要直面问题，找出问题的根本原因，并采取相应的措施去解决问题，是每一位员工及管理者应该做到的。因为只有不断反思，才能对自身的不足有足够的认识，才能采取相应的举措，个人才能成长，企业才会获得发展。此外，作为一名管理者，更应该有着透过现象看本质的能力，找出问题的根本原因所在，然后采取恰当的举措，才能够解决问题。反之，如果管理者都意识不到问题所在，那当然找不到解决问题的方法，只能自讨苦吃了。

【案例2】
看着一团和气，怎么业绩就提不上去呢

【案例现象】

长沙的李总说，公司里业务部好几个团队，团队之间人际关系非常和谐，一团和气。这本是很欣慰的事情，但奇怪的是为什么这么和谐的内部关系，每次做活动效果都不明显呢？出不了单？业绩就提不上去呢？

实际上并没有一直牢固的和谐关系，有时候牙齿还会不小心咬到嘴唇，朋友之间、亲人之间、恋人之间都会出现这样那样的矛盾。出现矛盾并不意味着不好，反而是一种正常现象。反之，如果只是表面上呈现出来的一团和气，还不如直接呈现出团队之间互有矛盾、有斗争来得直接呢，因为这样更有利于采取措施，而不至于导致一种假象，让管理者云里雾里。

【案例分析】

☆ 要么缺乏竞争机制，要么对团队不了解

前文说过竞争的重要性，只有竞争才有发展，不然企业就如同温水里的青蛙，逐渐失去竞争力、失去工作的热情，所以会导致办事效率低下、效益也不高。如果团队中缺乏竞争机制，员工之间没有竞争意识，做与不做都一样，员工之间是能做到彼此之间和平共处的，因为不涉及彼此的利益，也不涉及自己的工作，即所谓的没有任何的压力。

实质上，一家好的企业是存在竞争机制的。综观世界 500 强企业，其企业内部员工竞争非常激烈，每年都会对员工进行较严格的考核。考核不合格的员工，可能面临着降职调薪甚至淘汰的危险。世界 500 强企业内部都有员工竞争的现象，何况没有晋升 500 强的企业呢？企业内部出现竞争是必然的现象，如果管理者单纯地认为企业内部"一团和气"，没有员工竞争的现象，只能说明管理者把这个问题看得太浅。并且这样的一个公司在社会发展的大环境下，只能止步不前、后退，甚至是关门倒闭。

【解决之道】

☆ 企业目标不一致

企业目标是企业发展的第一导向力，是企业文化的凝聚点。企业的目标是每一位员工都应该清楚知道的，并且每一位员工的目标都应和企业的目标一致，如果员工的个人目标和思想与企业的目标不一致，那么员工之间很容易产生派系斗争。例如企业的发展目标与企业中的员工思想存在差异，当这种差异逐渐扩大时，员工在面对工作时就会态度消极，这种情绪的不断累积蔓延会对整个企业的发展造成影响。更有甚者，会出现员工跳槽到其他公司的状况，个别员工还会煽动其他员工一起跳槽，这对企业的发展非常不利。一个企业培养一名员工需要消耗大量的人力、物力和时间，如果员工轻易被别人煽动跳槽，等于间接性给企业造成经济损失。

鉴于此，企业管理者要学会不断协调企业内部的人际关系，统一个人与企业发展的目标，让所有人在一个目标下一起工作，这样会减少派系斗争，推动公司向正面积极的方向发展。

微软公司的成功就是在一个伟大目标催生下造就的——"让每个家庭的个人电脑中运行的都是微软编写的软件"。实际上，当一个企业有一个远大的、明确的发展目标时，那么就如同在沙漠中行走有了指南针一样，可以明确前进方向。

☆ 主动找出"不和谐"因素并解决

在呈现出一片和谐的情况下，管理者更应该找出和谐下的一些竞争或者一些矛盾。在解决员工之间矛盾时，首先要清楚矛盾与冲突是由什么引起的，只有找到了原因，才能对症下药地解决矛盾与冲突。其实造成员工之间的矛盾有很多，比如：

（1）处事策略引起的不愉快甚至矛盾。每个人的处事方法和策略都会不太相同，如果这些差异得不到有效的调和，便会导致矛盾。

（2）责任归属不清导致矛盾。部门的职责不明，员工个人的职责不清，这也是造成矛盾与冲突的常见原因。

（3）个人情绪引起矛盾。比如有些员工当天遇到一些事或者家里一些问题导致其心情特别差。当同事在不知情的情况下，一个玩笑就可能激起矛盾。

（4）争夺有限的资源引发矛盾。如果企业的资源是有限的话，那么这种稀缺性的资源在很大程度上容易导致员工之间进行争夺，这种争夺可能是各种形式的。在一定程度上会导致一些矛盾和冲突。

比如，公司有意要提拔一位员工晋升为主管，但还没有决定这个人选。在得知这一消息后，员工为了获得这次晋升机会，不惜明争暗斗，这很容易导致矛盾冲突。管理者遇到这种情形时，可以开诚布公地宣布:大家要公平竞争，如果有人暗中用不正当手段争夺，一经发现，他将承担后果。

（5）利益不一致引发的矛盾和冲突。引发冲突的常见因素之一就是利益不一致。利益冲突体现在以下两方面：一是直接利益冲突，如待遇不公平；二是间接利益冲突，如培训机会不公平。

（6）角色冲突。角色冲突是什么？指的是在企业中，员工对自己的角色定位不明确，或因员工没有认清自己的角色定位引发的冲突。比如，销售部的主管在未得到总经理授权的情况下，接手行政部门的工作，导致两个部门起冲突。

无论员工之间矛盾冲突的缘由是什么，管理者在解决时都应该学会倾听。倾听是了解矛盾冲突的最快途径，也是安抚矛盾冲突双方情绪的最有效手段，在倾听的基础上，进行公正的处理，巧妙地协调冲突矛盾的双方，化解双方的矛盾冲突，使彼此握手言和。

管理者需要注意的一点是，在面对员工之间的冲突时，管理者不能置身事外，不予协调，也不应该直接批评、处罚冲突中的一方，而要保持公正的姿态，顾及双方的颜面与感受，给彼此一个体面的台阶，让彼此化干戈为玉帛。这样，既能轻松化解双方的矛盾与冲突，又能显示你的权威性，使你得到下属的尊重。

【案例启示】

事实上，任何一家企业，无论这家企业成立时间是有多久，其规模多大，都不可能是一帆风顺的。也许表面上看一片祥和，风平浪静，但内部暗潮涌动，你争我斗，这样的话，冲突矛盾终有一天会爆发。所以，管理者必须结合实际情况，采取措施，使员工进行公平公正的竞争，而不是暗地里进行你争我斗，这样，才有利于员工之间处于正常的合作关系，也有利于员工和企业的发展。

【案例3】
离月底远着呢，能完成业绩目标的

【案例现象】

小周是一名电话销售，上个月她定的目标是完成15单。但结果只完成了13单，还差两单没有完成。团队的小组长主动找到她询问原因，她也很直白地说："时间怎么过那么快，月初的时候，我感觉还早呢，就觉得无所谓啊，这才15单肯定能完成的。后期的时候，时间很紧，我也已经很尽力了，虽然没有完成，但干得还是不错的啊，有一天我完成了两单呢，一天能完成两单的人应该也不多吧。"主管听了小周的话，陷入了沉思。

面对这种情况，主管认为应该不止小周一人如此，很多人也会存在这种思想，于是，积极地采取了举措，将目标细化，以便时时督促一些员工进行工作。此外，公司还组织了几场培训，培训内容是关于如何应对拖延症，高效工作。经过这一系列的解决措施，小周的业绩不仅大大提高了，并且整个团队的业绩都向前迈了一大步。

【案例分析】

☆ 犯"拖延症"的原因

很多人被上司告知，这个策划案下周五交给我时，就会有"只要下周五能完成，交上去就行"的发散思维，为什么普遍会有这种心理呢？

有一部分人在遇到这个问题时，不是立即着手开始执行，而是想到离规定的时间还早呢，就很难开始着手行动。因为觉得到期限还有一定的时间，在这期间内，自己肯定能完成上司交代的这个任务，只要能够完成的话，什么时候开始是自己说了算，下周三再做，下周四再做也成，甚至下周五当天开始做也行。结果就不知不觉地进行拖延，迟迟行动不了，随着时间的流逝，导致堆积的工作越来越多。结果时间已过，但却没有完成交代的任务。

还有一部分人就是被分配到一项工作时，脑子里对这项工作并没有进行整理。如果说手头上有很多其他工作需要处理时，已经处于心情很烦躁的状态，此时还被安排新工作的话，就很容易失去冷静，很难进行工作状态，有效地处理工作。这种情况下，员工只能嘴上回应"知道了，到时给你"，但心里肯定会想："哎，怎么那么多事啊，到底该做哪一件事啊……""明明知道我有这么多工作，已经忙不过来了，还给我工作任务，是什么意思啊，我该怎么办啊……"

实际上，如果手头工作已经超过了工作负荷量，可以直接向上司反映，相信上司应该不会再给你增加工作量。如果不拒绝上司的话，肯定会对工作造成影响，因为有太多的工作需要处理，如果安排不当的话，一定会造成遗忘某个工作的结果。一旦开始淡忘工作的内容，工作的难度会成倍增加，棘手程度也会成倍增加，在这样一种半推半就的状态下工作，需要花费更长的工作时间，工作质量也会越发低下。

☆ 目标太大，每天的工作内容模糊

实际上，每一个月、每一周、每一天都应该制定工作目标，因为目标如果细分到每一天的话，可以明确我们的工作内容，并且一天的时间也不长，我们完成工作的结果可以及时得到验证，以便检查我们是否完成了目标。今天的工作状态如何，影响工作的因素有哪些，明天如何有效地工作，要不要再加速，或者说今天超负荷了，明天减点速，以便于快速地调整，从而使工作的效率更高。此外，如果说今天的目标没有完成，隐形中也会造成一些压力，会寻找没有完成的原因，并且明天的工作效率要更快，而不是今天工作没有完成也没关系，还有明天

呢，反正离月底还远呢，从而糊糊涂涂的，造成工作积压，最后完成不了。

小周的目标是15单，但期限是一个月，她认为在一个月内一定可以完成。所以一开始并没有采取行动，而是积压，并且更为严重的是，小周对自己的这个问题并没有意识到，还认为自身是有那个能力的。事实上，这种情况下，主管应该可以采取以下措施，一是把目标细分到每一天，使小周明确每天的工作内容以及工作目标；二是对小周的业绩目标重新进行规划，是不是小周可以完成得更好，应采取一些激励措施，比如业绩第一能够得到一定的物质奖励等，激励小周全身心地投入工作。

【解决之道】

☆ 将工作期限提前，加速完成工作

很多员工受到工作期限的影响，认为工作期限很长，放慢工作的速度也是可以的，这样会对工作造成影响。在遇到这个问题时，可以采取将工作期限提前，甚至将工作期限折半，加快工作速度，迫使自己快速完成工作，不再拖延。一旦工作期限进行了改变，那么相应的行动计划也就明确了。值得注意的是，在这一过程中，要严格执行制定的计划，不能再想着之前的工作期限，再次放慢工作的脚步，从而无止境地拖延下去。

☆ 削了皮的苹果要立即吃掉

刚削过皮的苹果，新鲜漂亮，可口美味，而且富含酶，对人体健康特别有益。但如果削过皮的苹果放了一段时间的话，就会发现苹果表面会发生变化，会发黄。这是因为把苹果皮削掉之后，植物细胞中的酚类物质在酚酶的作用下，与空气中的氧气进行接触之后发生氧化，就产生了大量的醌类物质。产生的这种醌类物质能够使植物细胞迅速变成褐色，这种变化称为食物的酶促褐变。

工作也是这个道理，早一点着手，才会处理得更好。

西安的唐经理是一家健身房的经理，他发现业绩目标虽然制定了，但很难完成。为此，他也产生了一些想法，比如引进新设备、投放广告等，但这些想法一直没有落实到实际行动中，时间不断流逝，积压的事情越来越多，一直没见他把这些想法落实。这种情况下，要让他知道迅速采取行动的重要性。因为越早地将这种举措落实到实际工作中，就越可以知道这种举措针对这个问题是否有效，如果一味地搁置在那里，还想当然地认为这是一个不错的解决方法，

就大错特错了。

☆ **将业绩目标细化**

实际上，员工在面对一些大目标时，会产生不同的情绪，有些员工认为目标太难实现了，怎么可能实现呢。还会有些员工认为，这个目标虽然大，但还好吧，时间还多的是，一定能够完成的。

在这种情况下，可以将目标细化，如果我们觉得自己的目标完成不了时，需要把大目标细化，分成若干个小目标。这样做的好处是，一个小目标完成之后，可以激励自己继续完成下一个小目标。最后，我们会发现这个大目标也能够实现。

其实，要想取得成功，就要学会将目标细化，循序渐进。成功不是一蹴而就的事情，大多数时候，每个人、每个企业都需要一个长远的目标来指引前进的方向，这样我们才能够始终朝着正确的方向前进，而不至于走弯路。

但是，相比一些大方向、大目标而言，短期的、具体的东西更能够使我们接受，那些远期的、模糊的东西反而不容易接受。一个很远大的目标，如果我们摸不到甚至看不到，那么和海市蜃楼也没什么区别。此外，要想实现一个长远的目标需要花费很长的一段时间，而在短时间内努力的效果并不会明显，一定程度上会对员工的积极性造成影响，使他们感觉很受挫。

在对目标进行细化时，也需要注意一些问题。比如，要使分解后的小目标既能实现，又具有激励的作用。如果细化后的小目标实现依然很困难，或者轻而易举地可以实现，那么这样的目标细化和不细化没什么差别。同时，细化后的小目标都应该是能控制在自己能够预见和操纵范围内的，以便清晰明了地对每一个目标进行完成，并且及时地解决这个过程中出现的问题。这样，上一个目标是下一个目标的前提，下一个目标将升华成上一个目标的结果，如果细化的一个个小目标都能够实现的话，那么大目标的实现就会是水到渠成的事情。

【案例启示】

其实很多人，不只在工作中，在生活中也会有拖延症，这种拖延症直接导致工作完成不了，或是完成的工作没有质量保证，只是为了完成而完成。面对这种情况时，可以采取将工作目标细化到每一个月、每一周、每一天，将工作内容明确化。此外，还应让员工明白拖延症的危害，对自身发展的限制，对企业发展的限制。从而积极地采取一些措施，迅速地开始工作，从而使工作不仅能够及时地完成，对工作的质量也能够有所保证，何乐而不为呢？

【案例4】
老马经验丰富，业绩有时怎么还不如新人呢

【案例现象】

老马是一家地板销售部门的老员工，经验十分丰富，也曾取得了不少骄人的业绩，公司里的很多同事都向老马看齐，希望能取得和他一样的业绩。但最近几个月，老马的业绩要么很好，位列前几名，要么很差，连个刚来的新人都不如。主管了解到，他家里也没发生什么事情，工作中也没发生什么特别的事情，业绩怎么就差别这么大呢？

【案例分析】

☆ 进入倦怠期的老员工

有些员工进到公司很长时间后，难免进入了倦怠期。他们因为曾经取得过非常好的业绩，给公司创造过非常好的收益，也得到过老总的嘉奖，可以说在公司是名利双收。这样的员工实际上销售能力很强，由于工作时间长，工作经验丰富，手里难免会有很多老客户，这些老客户足够让他们不去努力就可以轻轻松松地有一些业绩。但这样的老员工因为不用怎么努力也能拿到一些业绩，所以就懒得开发新客户，懒得维护新客户，但这种只靠老客户的工作态度，怎么可能会一直取得好的业绩呢，也许3个月还行，但时间一长，肯定会被那些勤恳努力的新人超越。

☆ 上升期的新员工

因为是新人，所以抱着努力学习的态度，努力地去了解整个行业状况，向销售能力强的员工学习，向经验丰富的老员工学习，学习销售的话术，销售的技巧。但毕竟是新人，所以一切都刚刚开始，都还不是那么熟悉，上手得比较慢，

所以客户的开发与维护都做得不是太好。但这种认真努力的工作态度会使他们进步很快，随着时间的流逝，业绩逐渐呈现稳定平缓增长的状态。

☆ 公司机制有待改进

事实上，无论是员工个人，还是一个企业，都会经历几个阶段。如果在经历过初创期、成长期，进入稳定期后，不采取一定的措施，难免会进入衰退期。如何让老员工在进入稳定期后能够进入持续发展期，是值得企业老总思考的问题。实际上，可以从公司的制度上采取一些措施，比如晋升、增加物质奖励等，以激发老员工的工作斗志，使其继续保持积极的工作状态。

【解决之道】

☆ 引入竞争机制，让新老员工比拼

其实这些进入倦怠期的老员工，销售能力很强，只是缺乏工作的积极性，所以可以引入一些竞争机制，比如让新老员工比拼业绩。有些管理者可能会纳闷，这还用比吗，结果想想也就知道了，肯定是老员工赢啊。但实际上却并非如此，这种机制可以使老员工感受到一定的压力，也可以使新员工得到历练。如果老员工第一次输给了新员工，他可能不太在意，但一而再、再而三地输的话，那老员工就不会消极对待工作了，取而代之的是努力。

☆ 无论是新人老人，都应督促教育

管理者对新员工要多加培养，对工作中出现的问题要及时纠正。任何人做某项工作都是从零做起的，在一个行业工作了几年后，必然成为"老司机"。但管理者必须要注意一点，当这些职场菜鸟变成"老司机"之后，会不会重走那些人的老路就可想而知了。管理者必须要紧盯这类员工，如果出现懒散的行为，要及时对他们进行督促教育！俗语说得好：学坏容易，学好难。就像抽烟这件事，随便抽几口烟很容易，当你有了烟瘾戒掉就很难了！

【案例启示】

每一个公司都会有这样的员工，有着丰富的经验，有很多老客户，但如何激发这些老员工继续保持积极的工作状态，管理者需要深思，要积极地对员工进行分析，并采取相应措施，以激发老员工的斗志，提升公司的业绩。

【案例5】
成员们都很忙，但是就是业绩不好

【案例现象】

在与一些团队的管理者进行沟通时，总会听到这样的抱怨，抱怨什么呢？说自己的团队成员每天都很忙，很忙忙碌碌地工作，可业绩却一直提不上来，这让他们很头疼。他们问我为什么会这样，有没有好的办法可以改变这种状况。

很忙却获取不了应有的业绩，这可能是团队中出现的最糟糕的问题。那么，这是为什么呢，原因是什么呢？有的管理者可能认为公司所销售的那些产品或者服务与市场发展的需求不符合，或者是团队成员的销售能力不足，等等，这样的说法似乎有道理。但是，接触这些团队的管理者以及团队的成员会发现，导致出现这种情况的最大原因是团队的成员在进行工作的时候没有一个合理的流程，没有一个可以遵循的标准、系统。

【案例分析】

☆ 没有标准，成员就会按照自己的意愿行事

如果没有流程，没有一个统一的标准和系统，团队中成员工作时就会习惯性地按照自己的意愿行事，以致很多时候会花费很多的时间和精力在一些不必要的小事上。比如，一些员工接到工作任务后，会按照自己的原有行为方式去做，虽说他十分勤恳以及努力，但由于没有一定的流程，所以管理者也了解不到实际的工作状况，对整个团队的工作也很难进行合理的安排，会出现有的人忙得不可开交、有的人闲得无所事事、有的人工作早已经结束了、有的人还没有被安排工作的局面。这样的话，又怎么能出现高效率的团队，又怎么会有好的业绩呢？

事实上，之所以叫作一个团队，是因为一个团队的战斗力要看整个团队成员是否都能有效地动起来，而不是只看团队里的那两个成员，所以管理者应该牢记这一点。

☆ 按个人意愿行事，容易起矛盾

如果员工在工作的时候，没有一个流程、标准，那么团队中的每个人都会按自己的意愿行事，每个人都觉得自己想的、做的是对的时，就会不统一，产生矛盾，不利于团队的和谐稳定。另外，也会出现权责不一的情况，会出现推卸责任，也会产生矛盾，这样的团队怎么可能取得好的业绩呢？

【解决之道】

☆ 做好人员配置

很多管理者往往会忽略这个问题，认为团队中的成员越多越好，因为销售员越多接触的潜在客户越多，能拿下订单的概率就会越大，而不是对自己的团队需要什么样的成员进行确定。实际上销售团队能否取得较好的业绩并不在于概率，而在于市场、客户群是否精确。否则，销售员再多也很难取得比较好的业绩。

在对团队人员进行配置时，需要对市场和目标客户进行了解，清楚他们如何才会接受团队所推销的产品或者提供的服务，哪些环节是重要的，哪些环节是不重要的，哪些环节是可有可无的，每个环节需要的人员是什么样的，这些人需要具备什么样的能力，等等。当对这些大概了解之后，再把标准写出来就可以安排合适的员工，将相应的工作任务交给这些员工，让他跟进即可。需要注意的是，管理者要将他们工作和所对应的责任结合起来，做到职位分明、职责分明。

☆ 设置工作流程和标准

简单地说，销售工作要遵循寻找客户→拜访→交流沟通→成交→回访、维护这几个工作步骤。管理者要注意这些步骤，要求团队的成员按照步骤去工作。此外，管理者还需要根据每一步设定出相应的标准和要求，让他们了解到在做每一步时达到什么样的标准和要求，才能有利于做好下一步。这样做的好处是，能够让团队中的成员在工作过程中时时刻刻都知道做什么，做到何种地步。这样做还有利于管理者及时对员工的工作进度进行了解，在出现问题时，可以及时提出一些建议，有利于员工顺利地开展工作。

一些效率低下的团队，很多情况是缺乏工作流程和标准，每一个员工都很积极地工作，但取得的成绩却是平平。因为没有一定的流程、标准和要求，成员虽然很忙，但这种忙可以说是瞎忙，并且在竞争激烈的环境中为了能在短时间内取得业绩，以致有时会将原本应该注重的环节而忽略了，可以成交的业务却黄了。

例如，有的员工就像是没头苍蝇一样寻找客户源，在找到客户源后也不假思索地就登门拜访，或者说还没有聊上几句后就一直问对方是否有意向成交……可以换位思考，你会和这样的销售员签单吗？

☆ **考核结果、分析原因**

管理者要及时对员工的工作结果进行考核，然后分析，找到取得更好业绩的方法。

首先，对检核日期要规定好。这个日期可以由管理者进行确定，是一天检查，还是一个星期检查，一旦这个日期规定好后，就要把这项工作落实到位。有很多团队也规定了检核日期，但往往由于这样或那样的原因，并没有进行检核。如果这种行为多了以后，团队中的成员会觉得检核只不过是一种形式而已，对检核结果也抱着无所谓的态度。实际上，无论管理者作出什么样的规章制度，无论遇到什么样的状况，都应该执行，这样才能保证制度是有效的，对员工是有一定作用的。

其次，需要有奖惩制度。对业绩做得好的应该给予一定的奖励；对于那些没做好、没做到位的员工应当给予适当的惩罚。有奖有惩才能对员工产生一定的激励和压力，才能引起员工的重视。

最后，在发现问题时给予一定的建议和帮助。检核的时候，肯定也是发现问题和错误的时候，管理者不要没头没脑地对员工进行批评。而要冷静地了解实际的情况，搞明白问题究竟出在哪儿，原因是什么。如果问题并不是销售员的原因引起的，而是其他原因造成的，应该给员工一定的帮助、指导和鼓励。

【案例启示】

对任何的一个企业或者团队来说，管理者都渴望团队中每位员工有很高的工作效率，实际上，工作效率与业绩直接挂钩，因此高的工作效率必然可以取得好的业绩。如何提升团队成员的工作效率，作为一名管理者来说，可以从工作的流程进行设计。当团队中的每个员工在执行工作的过程中做到有规可循，知道自己要做什么，并且如何去做时，就可以取得理想的业绩。

【案例6】
小李说他尽力了，业绩低也没办法

【案例现象】

业务部的小李也干了好几个月了，平时很是努力，做事也比较勤快，交代给他一件事，能很快地办好，就是业绩比较低，一个月出不了几个单。张主管也找小李谈了几次话，但小李每次都说："我已经尽力了，业绩低也没办法，张主管，对不起。"张主管心里也很纳闷，小李的话到底是真是假啊，看他这个样子，都不能狠下心来批评他，但业绩总不能一直这么差啊，毕竟一般员工一个月都能出二三十单，他这月月都是几单确实说不过去。张主管对于员工向他说已经尽力了，他也已经见怪不怪了，现在的员工总说自己已经尽最大的努力了，但结果总是差强人意，这尽力尽到哪儿去了？

【案例分析】

☆ 真是努力了吗，还是只是一个借口

无论在生活中，还是在职场中，我们经常能听得到这句话——我已经尽力了，对不起。而笔者认为这句话在职场中是推卸责任最典型的借口。

已经尽力，其实暗含的一个意思是寻找到了各种渠道、各种方法去解决这个问题，包括向领导、向同事求助，但往往说这句话的员工，并未见他向别人求助，这难道就是尽力的表现吗？只是等到结果下来时，说一句我已经尽力了来推卸责任，这其实是一种极其不负责任的行为。

☆ 管理者也有责任

事实上，一个好的管理者对于自己的员工以及员工的工作流程和工作内容是极其了解的，为什么要熟悉这些内容，是为了更好地对员工予以帮助，为了团队取得更大的发展。但往往很多管理者对员工的这些情况并不了解，对员工的工作方式、工作流程并不加以了解和掌握，导致最后结果是员工以一句话了事，管理

者对于员工的这句话的成分也并不知道多少是真，多少是假。

有很多员工抱着这样的一种思想：求助领导吗，我不敢，求助同事吧，我也来很长一段时间了，不好意思。事实上，这就是没有尽力的表现，这也不是完成不了工作的借口。

【解决之道】

☆ 三人行，必有我师

很多管理者在向员工传达任务的时候，只是下达了这个任务，并没有涉及这项工作的重要性，这项工作是必须完成的，等等。造成了员工对这项工作缺乏认知，结果是没有完成的情况。

此外，管理者还要传达一个想法，就是"三人行，必有我师"。在平时的工作中，管理者也要这样做，这是最好的向员工传达这种思想的渠道。如果都是心想着解决事情，即使遇到了困难，也心怀向别人学习的谦虚、需要他人帮助的热忱，笔者相信没有人会拒绝这样的求助。很多人都是碍于面子，不好意思向别人求助，实际上这种行为是自身发展的挡路石。只有把面临的问题解决了，才能获得成长。无论这个问题是如何解决的，是自己不断摸索还是超出自己能力之外求助于别人的。如果抱着"三人行，必有我师"的心态，一定会不断成长，获得更好的发展。

☆ 了解员工的工作流程和工作进度

管理者需要对员工的工作流程和工作进度进行及时的了解，这并不是要求管理者自己每天询问每一个员工，而是让员工自己自觉地向上汇报，在公司内部形成一种制度。这样做的好处有两种：一是促使员工努力工作，不是混日子。二是有助于管理者及时了解员工的工作情况，以便给予一些建议，在员工遇到麻烦和困难的时候，能给予一些帮助。

事实上，前文也已经说过，一位好的管理者对员工的工作内容和工作流程等是需要非常熟悉的，只有做到这种程度，才可以预料到员工在工作中会出现哪些问题，才能及时提出一些建议或者一些解决策略。即使员工在工作过程中出现一些管理者没有预料到的问题，管理者也能根据自己的经验和能力提出一些解决方案。此外，这样做的好处是让管理者不断成长，通过一些没有预料到的问题能扩大自己的知识库，对这项工作更加熟悉和了解。

【案例启示】

"我已经尽力了，对不起"这句无论在生活中还是职场中，听到这句话真是让人很头疼，有种恨铁不成钢还找借口推卸的感觉，让人很反感。管理者要对这种风气及时予以纠正，不然，只会让一个团队里的人都变得不负责任、不努力。管理者可以通过及时了解员工的工作进度对这种问题进行解决，并要在企业中形成让员工自觉汇报工作进度的风气，要让员工抱着"三人行，必有我师"的态度，积极地解决问题，而不是结果下来了，以一个借口推卸责任了事。

【案例 7】
小冯认为上司看他不顺眼，就是要拖上司的后腿

【案例现象】

小冯在公司已经好几年了，看上去精力充沛、充满动力、雄心勃勃。他在自己的工作范围内游刃有余，不仅对新问题能够快速解决，还经常在绩效考核中获得优秀。由于小冯的出色表现，他被调到了一个新岗位，负责一条对企业至关重要的新生产线。

到了新岗位的小冯，成为胡经理的下属。胡经理也是刚刚晋升到这一岗位。在他们成为上下级的最初几周，胡经理要求小冯撰写关于质量控制不合格的分析报告。胡经理并没有将理由告诉小冯，其实他这样做的原因有以下两点：一是有助于他俩尽快了解新的生产流程；二是有助于小冯形成分析的习惯，对质量控制不合格的根本原因能够进行系统性分析。

但小冯对胡经理的这些想法并不清楚，所以他心里有了想法：一是没有时间，二是胡经理这种行为干涉了他的工作。于是小冯就敷衍了事，并没有将这件事情放在心上。不但拖了好多天才交，而且报告质量有失水准。小冯的这种行为让胡经理很恼火，认为小冯工作态度消极，于是采取了极为强硬的态度。小冯也感受到了胡经理的这种态度，认为胡经理不信任他，俩人的沟通越来越少。没过

多久，胡经理认为小冯工作绩效不好，对于分内的工作无法完成。

想当初，小冯兴致勃勃地接手新岗位的工作，打算干一番成就，可如今，心灰意冷的小冯打算辞职。

【案例分析】

☆ 对待"好员工""不好员工"的方式

很多管理者在头脑中会不自觉地形成这样一个概念：这个人是好员工，那个人就不行了。对待这两种不同的员工，也会采取不同的态度。对待表现较佳的员工，往往更为宽松，而对待表现不佳的员工，往往会不耐烦，通常会采取严加管控的方式。

很多管理者并不清楚这种严加管控的方式会对员工造成伤害：一是打击了员工的积极性；二是剥夺了员工的自主权；三是让员工感到了自身价值被轻视了。上司对下属的肯定是最有激励作用的，那么，上司对下属否定时，下属的自信心会逐渐减弱，并且逐渐消极。

很多管理者可能会辩解说："我虽然对那些表现不好的员工进行了严加管控，但并不会表现出我不信任他们。"事实上，这也是管理者内心真实的想法，他们也是会积极地掩饰他们的意图。但员工是能感受到上司意图的，能感受到上司不信任的，还会暗自比较，与那些上司认为表现好的员工进行比较，上司是如何对待他们的。

久而久之，员工对上司也会有自己的态度。要么上司说什么就做什么，成为一个机器人，每天只是机械地工作；要么上司说什么就是什么，下属不进行任何的发言，也不反驳；要么花很多时间和精力对自己的工作状态作辩解，因为他们意识到上司会把失败归咎于他们，所以率先寻找开脱的理由，结果反而在工作中并没有太多的时间和精力。

此外，这样还会造成一个现象是，那些表现好、业绩佳的员工会越来越忙，因为管理者很信任将工作任务交给他，导致工作量越来越繁重，压力越来越大，最终因工作负担过重而过度劳累。

其实，管理者的这种行为也不利于整个团队的发展。如果一个团队中有一个员工认为受到了上司的轻视，那么就有可能向其他同事进行宣泄和抱怨，这样不仅不利于管理者的管理工作，对其他员工也会造成一定的影响，比如浪费大量宝贵的时间在谈论办公室政治和上下级关系，而不是想着如何取得业绩促使团队发展。

☆ 缺乏沟通

其实无论职位的大小，作为一个管理者，如能同下属相处比较好，无论对管理者本身还是对下属都是有益的。

子曰："可与言而不与之言，失人；不可与言而与之言，失言。"这句话的意思是对于有些人，应该和他们沟通，你却不与他们沟通，你这样做就会失去这些人的人心；有些话不应该与某些人讲，你却和他们说了，你就会因失言而惹火烧身。

对于一名好的管理者来说，和上下级做到良好的沟通很重要。沟通对管理者的管理活动也能产生重大影响。一名管理者，只有树立良好的沟通态度，培养高超的沟通能力，运用良好的沟通技巧，才能有效地保证团队健康、顺利的发展。

而案例中的胡经理和小冯不仅没有做到良好的沟通，最后反而是不沟通，这样只能让矛盾越来越大，两人的关系只能越来越恶化。

【解决之道】

☆ 摆正对员工的态度，对事不对人

作为一名管理者，应该拥有一颗宽容之心，能够容忍一些员工所犯的错误。一个团队中，每个人都是有所长有所短的，管理者不能依据自己所好偏向谁。管理者要明白上下级之间是相互影响的，要反问自己：xx的业绩不好是不是自己导致的。

其实在工作中，很少有员工什么都不会，一无是处，也很少有人希望把工作做得很糟。因此管理者要摆正对员工的态度，做到对事不对人，虽然这很难，但也不是做不到的。要了解这项工作为什么做不好，问题出在哪里，比如在组织工作、管理时间或者在与他人协作方面技巧不足，没有这方面的知识和能力，等等，而不是想着因为是你做这项工作，所以才会做不好。

实际上，任何人都不是没有一点瑕疵的，也不是什么都会的，所以管理者要明白问题的根本原因在哪里。

☆ **工作合格的标准要确定**

其实对待一项工作，上下级的标准是不一致的，如果标准没有统一，也会造成上下级关系不和谐，对员工产生影响，造成员工工作态度消极，业绩低下。

曾经有个人向笔者说起一件事，虽然只是一件小事，但这件小事却是值得管理者重视的。他和笔者说每天上司对他的工作要求就是加快进度，一个星期五天工作日，有四天在催他，让他很烦恼，明明已经每天在不停地工作了，还怎么加快，感觉压力很大。笔者就问他，"你问你上司一天的工作标准了吗，就是你一天工作多少是合格的，工作多少是不合格的，工作多少是超标的？"他回答说："这个没有问他，我只是每天在不停地干，一直都很努力，但却得不到他的肯定，给我造成的压力很大，我工作起来也没有信心了，反正干多干少都是催我加快进度，那我不如干少点，但心里很烦，工作起来也没什么热情。"笔者就和他说："去问问你上司关于这项工作的标准，把你能承受的最大的工作量也告诉他，协商这个工作的合格标准。"

事实上，每个人对同一件事都会有不同的看法，所以上下级要统一标准，在同一个标准下工作，才不至于各执一词，造成误解。

☆ **积极沟通，坦诚地交流**

沟通在职场中是非常重要的，不仅要与同事做到良好的沟通，与上下级之间也要做到良好的沟通。如果上下级之间已经有了一些矛盾，那么更应该坦诚地交流，说出对对方的不满。

作为管理者可以率先对下属做到开诚布公，比如"你业绩低是不是因为我对待你的方式的问题""哪些事让你觉得我对你施加了压力"，等等。员工也可以更坦诚地向上司询问，比如"我做的哪些事让你不满意或者无法理解，请你直接和我说"，通过这些交流，做到彼此之间没有隔阂，为了共同的目标而努力。

【案例启示】

上下级应该做到良好沟通，不能因为一些猜想造成彼此之间的隔阂。作为一名管理者，应该开明大度地对待每一位员工，即使有些员工表现不佳，质疑你的判断，让你给出他做不好的证据，等等，都应该将情绪和事实区分开来，做到对事不对人，这才有利于每一名员工的发展、整个团队的发展。

第六章

团队薪酬绩效

一说起薪酬，相信大多数人的第一反应可能就是一个员工的月工资或者年薪。实际上，这种理解只是对薪酬的部分理解，就如同瞎子摸象，只是摸到了大象的某一部位。实际上薪酬是指员工与企业建立劳动关系，付出有效的劳动后可以获得的各种形式的经济收入、服务以及福利。薪酬分为两类：经济类报酬以及非经济类报酬。经济类报酬是指员工通过有效的劳动而获得的各种形式的收入，包括薪酬、福利、奖金、津贴、股票期权以及以非货币形式支付的福利，等等。非经济类报酬是指员工因有效的劳动而可以得到晋升、表扬或受到重视等，非经济类报酬可以促进提高员工的工作成就感、荣誉感以及责任感等。非经济类报酬并无一定的标准，操作起来比较难，因此需要管理者有较高水平的管理艺术和管理水平。

绩效的基本含义是"成绩"与"效果"的组合。绩是员工或者团队等的业绩，它是一种结果，这个结果体现了企业的利润目标；效指的是效果，体现了企业的管理成熟度。从人力资源管理方面来说，绩效是指员工的行为或者结果中的投入产出比，可以定义为"个人、团队或组织从事一种活动所获取的成绩和效果"。绩效就是结果，就是收获，是要素投入之后的产出，即投入成本之后的收益。有活动就会有一定的结果，即绩效。这个结果是不确定的，也就是说绩效有好有坏，有大有小，根据活动参与主体可以分为个人、团队和组织，即分为个人绩效、团队绩效和组织绩效。实际上这三种绩效既有区别又有联系。区别指的是三种绩效大小有别，层次不同；联系指的是三者之间是密切联系的，团队绩效取决于个人绩效，组织绩效又取决于团队绩效。

实际上，一个员工的薪酬如果基于绩效而设计的话，有一定的优点，当然也会有缺点。优点包括激发员工工作的积极性，取得更好的绩效，从而获取更好的薪酬，等等。缺点也是显而易见的，比如引发员工之间进行恶性竞争，造成员工之间人际关系恶劣，从而影响员工工作，对团队的和谐也会造成一定的影响。

【案例1】
小蔡要求加薪的原因是大学里不如他的人都比他工资高

【案例现象】

江苏徐州的李总说，员工小蔡找到他，提出要加薪的要求，理由仅仅是因为他大学的同学薪资收入早已经超过他了，这倒是没什么，最主要的是他大学同学在大学时期并没有他出色。

李总直截了当地对小蔡说，我不可能因为别人的工资比你高就给你增加工资啊，你能提出这种要求，实在是幼稚可笑。如果这都能成为提出增加薪资的要求，那任何人都能提出加薪的要求，因为每一个人都能找到超过自己工资标准的人。

李总总会遇到员工提出各种要求来增加工资，理由也是五花八门，比如孩子上学的费用增高了、房租涨了、交通费涨了，等等。甚至有时候根本不提理由，直接要求加薪，原因是公司今年获得的利润比较高，应该给他们加工资。

作为一名成功的管理者，不可能满足每一位员工提出加薪的要求时，管理者应该考虑这个人是否达到了提高薪资的标准和要求，如果达到了，就算不提要求，也应该给他涨薪资，达到鼓励以及留住人才的目的。

【案例分析】

☆ 不要这山看着那山高

很多员工的眼睛永远放在别人的身上，比如我大学同学的工资都××了、我是寝室6个人中工资最低的、同事××还不如我但工资却比我高，等等。有句话叫作"人比人气死人"，员工个体之间的水准是不一样的，有一定的差异也是正常现象。由于各个行业不同，隔行如隔山，所以薪资不同也是正常的。

如今美国的高薪阶层都在华尔街的大楼里，他们从事的工作有金融机构的兼并、收购，工商企业，炒卖房地产，等等。但时间向前推20年，高薪阶层并不是在华尔街，而是在硅谷，一座高科技城。那里的人是从事软件开发等产业的科技人员。时间再向前推，高薪阶层的要数从事工程设计人员。实际上，每个时间段都会有不同行业的人占领这个最高点。谁也不能断言，下一个时间段的是哪个行业的人独领风骚，这些高薪行业也许是人力资源管理，也许是律师，也许是从事市场开发的咨询师。

实际上管理者应该做的是，让员工懂得要保持生活质量的不断上升，不但要考虑自己的工作性质，还要将自己的兴趣爱好与工作结合起来，这样的工作才不会使人感觉枯燥。另外，如果你热爱自己的工作，能在工作中获得快乐，那么这份工作提供的薪水也只是你追求的一部分，并不是全部。相信这样的员工一定会把自己的工作完成得很好。如果管理者能在这样的工作中提供给员工比较满意的薪资待遇，这样的员工只会更加投入、更加努力。

同时，管理者也要告诉员工，不要将眼睛放在别人的身上，不能只盯着云雾缭绕的远方，尽管远方的山上在闪闪发光，或许真的是金子，但你也是够不着、摸不到的，更何况那是不是金子还不一定呢，或许只是一块反射了阳光的玻璃。

案例中小蔡要求李总加薪的理由是大学同学的工资比他高，并且这个同学在大学的时候并不如他。实际上，这个员工只看到了这个薪资比他高的结果，对他同学的成长并没有看到，对他同学工作中的压力以及所取得的成绩也并没有了解，等等。所以李总拒绝给这个员工加薪是正常的。即使了解到这些内容，也应该根据这个员工工作的实际情况以及这个员工所从事的行业来确定是否给他加薪，并不是将加薪的理由看成是他人工资比我高，我就要加薪。

【解决之道】

☆ 除了薪酬，增加其他留人之法

如果一些员工仅仅为了获得更高的薪酬而不断换公司，从这个公司跳到那个公司，从那个公司又跳到另外一个公司，那么只能说这个员工跳槽的原因有两个：①公司缺乏薪酬之外的留人之法；②这个员工对薪酬之外的东西完全看不见。

每个管理者都应该问自己留住人才仅仅是靠优厚的薪酬吗？如果回答是肯定的话，那么管理者要做的事情就多了。因为这意味着你在公司的管理上或者某一方面太过单一了。因为一只脚的话只能单足跳，如果是两只脚的话，选择的方向太多了，可以走、可以跑甚至是并足跳，当然还会有更多的花样。所以，管理者要添加更多的方法，给薪资添加左膀右臂，这样才能更好地留住人才。

比如阿里巴巴的企业文化，有人愿意用几倍的薪资挖阿里巴巴的员工，阿里巴巴的员工也是不愿意走的，因为在阿里巴巴，他们尽管薪资并没有其他公司提供的工资高，但他们坚信能够发展得更好。

除了利用薪资这个方法外，留住人才，增强员工对企业、对公司的忠诚度，还有以下几种方法：

（1）合理的企业内部机制。合理的企业内部机制对于留住一个员工来说非常重要，尤其是绩效考核机制。如果一个刚入职的员工在工作过程中发现企业内部机制不健全，从而导致企业对员工存在待遇不公的情况，或者发现自己的辛勤劳动和自己的收获不成正比，或者发现自己努力了多日的成果被别人霸占，等等，都会导致一位员工离职。所以，管理者要健全企业的内部制度，这样才能减少员工感到待遇不公而流失的概率。

（2）满足员工的兴趣爱好。如果一个员工对自己的工作丝毫没有任何兴趣，那么他是很难百分百投入工作的，他的工作表现也体现不出他对工作的热爱。例如，一个员工的销售能力很强，一直是公司销售部的明星，但他一心想要做网站工作，如果这个时候恰好有其他公司能够满足他，他肯定会一走了之的。

作为一位管理者这时要考虑如何满足这位员工的志趣要求，让他实现自我价值。其实对于很多员工来说，薪资并不是他们考虑的首要因素，他们首要考虑的是这项工作能否满足他们职业长期发展的需求。

（3）建立互相信任的关系。管理者需要和员工建立互相信任的关系，让他们自由大胆地工作，绝对不要让员工觉得管理者不信任他们、怀疑他们，甚至把他们置于一种被监视的环境中工作，这样不仅让员工产生反感，还不利于员工的发展、企业的发展。

如何与员工建立互相信任的关系？管理者应该经常和员工做一些思想上的交流，让他们能够坦诚地和你交流，说出内心的真心话，这不仅包括工作中的一些想法以及问题，生活中的问题也可以向你诉说，等等。如果管理者能让你的员工做到对你推心置腹，那么这样的工作氛围一定会让员工更加努力工作，做出更多的贡献。

（4）攻克员工们的心。兵法中有云：攻城略地为下，攻心为上。还有句话叫作"身在曹营心在汉"，所以留人更重要的是留住他的心。实际留住他的心也并不是很难，可以通过以下方法：

一方面肯定员工的地位以及他们的贡献和能力等。让他们感觉公司需要他们。也可以通过一些承诺，让他们对公司的发展前景以及他们自身的发展有所了解，给他们一个许诺，让他们觉得自己的发展是有目标的。

另一方面用真诚的心和态度打动员工，一位员工打算离职，这时候如果管理者采取的是高压手段，那么只能让员工走得更决绝，此时可以用真情打动他们，让他们消除离职的想法。

除了以上的这些方法，管理者还可以通过给员工树立目标等方法吸引员工，让他们选择长期留在公司。

☆ **教会员工目光放长远**

管理者不仅要完善公司的管理制度，还要学会做一个好的老师，教会你的员工看到工资以外的东西。管理者要将公司能提供给员工薪酬之外的东西表现出来，让员工看到并且感受到，让员工意识到这些。管理者最希望的就是依靠一个稳定的团队为公司赚取更多的利润，而不是员工求职时的一丝快意。

管理者应该教会员工把目光放得长远一点，不要目光短浅，只看到眼前的一点东西。管理者要将薪资之外的东西变得实在，员工才会感受得真切，才会与公司一同发展，也会实现"共赢"。

【案例启示】

如果一个员工对现有的工资水平很满意，那么他是不会提出加薪的要求的。如果一个人仅仅是为了获得高薪而不断跳槽，管理者就要思考到底是公司缺乏薪资以外的留人之法，还是这个员工只追求眼前的高工资，对其他的东西视而不见。对于这山望着那山高的员工，管理者应该让他们意识到行业间的差距，让他们意识到工资水准有差异的正常性。同时，还要教育员工将目光放得长远一点，实现与企业"共赢"。

【案例2】
小陈抱怨说他做的贡献比老洪多，加薪应该比老洪多

【案例现象】

临近年底，广东广州的武总给自己手下的两位市场部经理加薪，但给两位加的薪并不一样，市场一部经理在底薪的基础上每个月增加800元，市场二部经理在底薪的基础上每月增加500元。武总心里想主动给他们加薪，肯定会激励他们来年做得更好。

发工资的那天，市场二部的经理小陈问武总："我和老洪都是销售部经理，级别是一样的，为什么都是加薪，老洪加薪800元，而我只加薪500元，你这样做是不是对我有什么偏见？我希望武总能给我一个解释。"武总说："你的业绩没有老洪做得好。"小陈听了这话，一下子脾气就上来了，拿出了这一年来两个部门销售额对比评估表，问道："武总，你凭什么说我的业绩做得没有老洪做得好，你这话我很不服气，这是一年来我和老洪的两个部门的业绩表，一年有一大半时间我们做的是比老洪的高的，要说业绩不好，那也是老洪那个部门的事！因为这个理由给我加薪比老洪差300元钱，你说我心里能平衡吗？"武总听了小陈的话，说道："实际上，一方面是业绩，另一方面是老洪比你来公司的时间长，给他加薪比你多也是很正常的！？"小陈还是不满意，就和武总争论起来，最后武总对小陈的态度不满意，便大声吼了起来。小陈心灰意冷，便不再说什么就直接走了。年后，小陈辞职了，还带走了手下两位能力非常强的骨干销售员。

【案例分析】

☆ 根据制度进行加薪，做到合理透明

实际上，一个公司有着严格的薪资制度，可以根据制度给员工进行加薪。

比如在上述案例中，武总考虑到两位市场经理的业绩能力，给两位员工进行加薪，依据武总给出的因为老洪资历老、业绩高的解释并不能让小陈信服。武总

如果考虑到老洪来公司的时间，完全可以制定工龄奖等奖励老员工。当然这个也要根据实际员工来公司的年限，以数据为准进行加薪。严格根据公司制定的制度走，不能因管理者的想法随意给某一位员工加薪。根据业绩进行加薪的话，也要根据实际业绩数据进行加薪，以保证对每一位员工做到公开透明，这样才能让每一位员工心服口服。

☆ 管理者不要随意将员工进行比较

有的员工在提出加薪的要求时，就会说与他能力相同的员工都有加薪，而自己却没有加薪。管理者此时不要轻易地将该员工与他所说的员工进行比较，说出一些你认为的理由，这样做的后果是使这位员工的不满情绪和抵触的意识加深。

如果这两名员工属于一个部门的话，就应该让部门经理进行解释，因为部门经理对他们的具体工作情况都比较了解，因此有对他们加薪的建议权。如果这两名员工不属于一个部门，就可以告诉他各个部门的加薪标准是不一样的。

【解决之道】

☆ 加薪要遵循加薪标准

管理者要注重科学的薪酬管理制度的建立，因为在这样的制度下对员工进行加薪时，才会有一定的加薪原则和标准，才可以清楚地让员工了解加薪的原则是什么。此外，设立加薪标准和原则还有一个好处是，当每一位员工看到这些标准和原则时，会受到一定的激励，换句话说就是有了一个小目标，这个小目标可以促进员工不断努力而达到加薪标准。这样才能真正体现核心员工的价值。当然这个过程中，非常重要的一点是，管理者在整个过程中一定要遵循这些原则和标准。

☆ 加薪也要遵循人才市场价值规律

管理者不能违背人力资本市场的价值规律，必须与整个市场行情、当地的实际情况以及企业整体的薪酬情况相结合，对员工进行加薪。实际上，员工的收入还应该与其工作绩效进行有效挂钩，这样才能发挥加薪的作用。既然涉及工作绩效，那么不同的员工就会有绩效高、绩效低的情况，因此管理者要制定一套完善的考核体系，尤其是无法用数据等量化的工作，一定要有有效的考核方式方法，这样才能保证公平性、公正性，也才能做到让每一位员工心服口服。

☆ 加薪需遵循一定的原则

管理者在给员工加薪时，一定要遵循加薪原则，包括公平性原则、激励性原则、竞争性原则、因人而异原则以及绩效评价结合原则。

公平性原则是指管理者在给员工进行加薪时，一定要对以下因素进行综合考虑：外部均衡、内部相对公平、过程公平以及结果公平，还要兼顾公平与效率。

激励性原则指对一些岗位人员进行加薪，对这些员工有一定的激励作用，从而形成一定的竞争氛围。实际上，对于管理层以及核心骨干员工的加薪，要避免类似"大锅饭"或者平均主义的形式进行加薪。

竞争性原则的含义是指薪酬的外部竞争性或者外部公平性，体现为员工将本人的薪酬与在其他企业中从事同样工作的员工所获得的薪酬之间的比较。如果没有竞争，很容易导致出现核心骨干员工持续流失的现象。

因人而异原则指的是每一个人的能力有高低、每一个人的分工也是不同的、每一个人的工作态度也不同以及对企业的贡献都是有所差异的，这会导致每一位员工的收入也不同。管理者在给员工进行加薪时对这些差别要进行考虑。

绩效评价结合原则是指员工要加薪，必须有绩效考核结果作为加薪依据，让加薪有参考的标准，防止加薪随意性。

☆ 多层次激励管理体系的建立

我们都知道人的需求是有一定层次的，而物质需求是一个人的基本需求，所以如果单单依靠加薪是不具有激励作用的。此外，员工不断提出加薪反而会持续增加企业运营成本，所以管理者要建立多层次激励体系，对员工持续激励。

人性化管理是每一家企业应该追求的，管理者要为员工建设宽松的、人性化的工作环境，实际上这也是吸引人才的一个有效手段。如果员工从内心深处感受到在企业里能充分发挥自己的个人价值，那么员工的工作热情和积极性就会不断提高。

☆ 建立相关的加薪监督机制

管理者还要建立加薪监督机制，可以采取上级监督，也可以采取同级监督。监督机制的建立有助于保障薪酬管理制度的严肃性及执行的有效性。比如，如果员工绩效考核结果公开了，管理者就要及时对绩效好的员工进行表彰，要让员工感受到企业对表现优秀员工的认可。此外，对员工绩效进行考核而确定加薪幅度时，可以采取民主评议的办法，这样可以有效地避免由于上下级矛盾或过度亲密引起的过高或者过低判断。

☆ 给员工加薪需注意的问题

（1）没有规范的薪酬调解规范和制度。任职资格、绩效考核结果都会对员工的薪酬有一定的影响，如果没有这些基本的制度作为参考，加薪的随意性就非常大。如果没有统一的薪酬制定标准以及严格的流程，就会导致薪酬难以做到公平性，如果薪酬调整失去了公平性，不但不具有任何激励作用，反而对员工士气以及员工之间的团结稳定产生破坏作用。

（2）"大锅饭"现象或者加薪平均化。有的企业特别是一些国有企业会有比较严重的"大锅饭"现象，加薪就是简单地进行批评处理，比如给员工加薪都是相差无几的水平，谁也不会比谁多很多，谁也不会比谁少很多，完全体现不出员工个人的价值以及对公司所做的贡献。这种传统的薪酬做法其实并不受员工的认可，也起不到激励的作用，反而会引发员工尤其是一些能力强或者有突出贡献的员工的不满。

（3）把加薪当"万能药"。薪酬机制是企业管理中非常重要的一部分，它不仅是一门科学，同时也是一门艺术，如果管理者能够运用得当，完全可以充分调动员工主观能动性，让他们发挥他们的积极性和创造力，更好地为企业获取利益，达到"双赢"的局面。反之，如果管理者不能合理地运用加薪管理，就会让员工对管理者以及企业产生失望、反感，最终离职。

【案例启示】

管理者在员工进行加薪的时候，千万不能像武总那样给自己找一些并不能让员工信服的理由，不要将员工进行比较，更不要按论资排辈说事。

管理者可以依据加薪标准、人才市场价值规律、加薪原则等进行加薪。此外，管理者还要建立多层次激励管理体系以及相关的加薪监督机制。同时，管理者还要注意一些问题，比如加薪平均化、"大锅饭"现象以及把加薪当作"万能药"等。

【案例3】
这个员工的薪资已经在行业偏高了，无须加薪

【案例现象】

每个员工都渴望通过努力地工作而获得加薪的机会。小吕看着身边的同事都获得了加薪而自己的工资却一直没变动过，一年这个样子，两年还是这个样子，实在让人不解。小吕便找到了领导询问自己没有加薪的理由，领导告诉他说是因为他的工资在业界已经是偏高的了，所以无须加薪。小吕听了这样的解释之后实在难以接受，令他不解的是给员工加薪到底是企业的自主行为还是必须依据一定的规章制度，为什么自己没有任何过错，并且一直有着突出贡献，但就是加不了薪呢？

小吕的领导和他说，为他加薪并不是公司的法定义务，当初公司和小吕签订的劳动合同也只是规定了他的工资，对于小吕没有做出加薪的决定并没有违反双方劳动合同的这个规定。按照劳动法规定，用人单位根据本单位的经济效益以及生产经营特点，依法自主确定本单位的工资水平以及工资分配方式。所以，给每一位员工进行加薪只是企业的自主行为，公司可以考虑以下情况而决定是否给员工加薪，比如企业的经营状况、企业的承受能力、员工的工作职责、员工的工作强度以及员工的工作业绩等。所以小吕的领导认为给别的员工加薪的同时并没有法律义务给小吕加薪。

小吕认为自己享有和同级同事加薪的权利，但公司并没有考虑给他加薪，反而认为不给小吕加薪是理所应当的。于是，小吕将公司告到了法院，法院最终的裁决是小吕的工资在原工资基础上上涨10%。

【案例分析】

☆ 公平性原则的重要性
每一位员工在完成正常工作及公司普遍调薪的情形下，公司都应根据整体方

案对符合调薪资格的员工进行薪资调整。如果没有正当的理由，公司也应该对没有给员工调薪给出合理性解释。

对于小吕的这一特例，公司认为小吕的工资已经在业界属于偏高了，所以决定不给小吕进行加薪。这个解释缺乏合理性，法院认为难以采信。尽管在公司与小吕签订的劳动合同中只对工资数额进行了规定，没有涉及加薪，但公司对其他员工进行了加薪。就小吕个人工作情况来说，自己没有任何过错，并且一直有着突出贡献，应该是能够享受加薪的。依据公平性原则，公司应该对小吕进行加薪。

实际上，公司的这一行为，对留住人才来说没有任何的好处，反而这类员工因为受到不公平待遇选择离开公司。因此，公司对员工无论是在基本工资的安排上还是调整薪资的安排上，都应该做到公平性，这个公平性包括员工做出突出贡献而加薪超过其他员工的差异性。因为这也是一种公平性，他做出的突出贡献是能够受到其他员工认可的。

☆ **影响加薪的因素**

实际上影响一个员工进行加薪的因素很多，企业在进行加薪工作时应该合理地考虑到员工的实际情况以及员工的个人情绪，对其进行加薪或者不加薪，即使不加薪也要给出理由，加薪的空间为什么不大也需要给出理由，以免员工不理解，从而产生一些负面情绪，影响工作，甚至对公司造成一定的负面影响。

企业在进行年终加薪评估与确认时，对没有加薪的员工可能存在的不满和诉求应该进行考虑。一般是根据年终评议的结果决定是否进行加薪，当然不是所有的员工都有加薪的机会，每一个员工加薪的幅度当然也不可能是一样的。即使某一位员工在这次年终加薪中并没有加薪机会，这也不能表示说他的工作能力等很差，有可能是由于这一次整体加薪范围很小，使这位员工失去了加薪机会。此外，类似小吕那样的员工，如果薪酬水平已经在本企业及同行业中属于很高的水平，加薪的空间当然就小了很多。所以说，影响一个员工能否加薪的因素有很多。

【解决之道】

☆ **正常看待员工加薪的愿望及要求**

从员工角度说，对于影响加薪的因素他或许是不了解的，他认为自己每天都非常认真地工作，努力地工作，是有资格和理由有加薪机会的。所以，管理者在面对员工有加薪的愿望以及提出加薪要求时，一定要正确对待。

☆ 考察员工是否符合加薪要求

当员工提出加薪要求时，管理者应该对他的绩效考评成绩进行考察。这个员工的考评成绩如果没有达到加薪的标准，则应该让他了解本次加薪的政策和标准，让他知道为什么没有加薪。此外，管理者还应激励他认真努力工作，取得好的工作绩效与考评成绩，争取在下次的加薪机会中获得一席之地。

如果这位员工的绩效考评结果非常好，但却没有得到加薪，这时候管理者就要搞清楚没有加薪的原因是什么。是否因为工作失误引起的，还是由于该员工有不宜加薪的其他原因。

如果是工作失误造成的，应该立即对员工进行弥补；如果由于其他原因不宜加薪，则应该向他解释，以便得到他的理解。

☆ 根据实际情况给员工定底薪

很多时候，由于公司急需招到人才，急需某一类型的人才，对这样的员工进行面试时会许之高薪，导致超出了同行的薪资水平。这确实能够在一时解决掉人才的问题，但如果后期想要留住这个人才就很难了，为什么？因为他的工资已经超出了同行的薪资水平，他的能力又很强，管理者在给公司员工进行加薪时是考虑给他涨还是不涨呢？

所以，管理者在给员工设置底薪时，应该考虑到多种因素，如果忽视了某一方面的因素，比如忽视同行业的薪资水平，就会导致出现一些问题。

【案例启示】

管理者在遇到这种情况时应该秉承公平性原则，让每一位员工都能受到公司的公平对待。此外，管理者也应该考虑为什么当初给这位员工的薪资超出了同行的薪资水平，所以为了留住人才，也应该让他享受到公平性待遇，此时，加薪的空间要和这类员工解释清楚，让他理解。管理者在给员工进行加薪时要考察员工是否符合加薪标准，如果符合标准，就应该对员工进行加薪。

【案例4】
急招一名工程师，薪资要的比老员工都高

【案例现象】

江苏南京陈总的公司要开展一个大项目，需要几名工程师，公司内部已经有几个合适人选了，还差1个。于是人事进行了招聘，倒也招到了一个经验丰富、能力强的工程师，但在面试时了解到这位工程师的薪资要求很高，将近本公司内部工程师薪资的两倍。于是人事经理将这件事反映给了陈总。

陈总和笔者说："真是头疼，你说这位员工，要也不是，不要也不是，如果按照他定的薪资要求，肯定会让公司的其他同事不满，如果说不要这个工程师吧，还得花费时间去招下一个，这项目就要开展了，如果到期完成不了的话，那损失就大了。真不知道怎么处理这件事。"

【案例分析】

☆ 影响底薪设置的因素

实际上对于一个员工底薪的设置非常重要，如果设置不好的话，根本招聘不到人才，或者说造成一些管理上的问题，比如底薪过高，员工就会失去积极性，所以说管理者应该重视员工的底薪设置。实际上，比较困难的是一些有着工作经验的员工的底薪设置，因为对于刚毕业的大学生，可以采取一样的薪酬标准。但对工作经验丰富的员工，他们的底薪设置就需要对多种影响因素进行考虑。

（1）员工的生活费用。其实这个影响因素对于刚毕业的大学生也是适用的，因为无论是刚毕业的大学生还是有工作经验的员工，都是要生活的，必然涉及生活需要的基本费用，比如这个城市的消费水平怎样，房租怎么样，交通费用怎么样，等等。如果企业满足不了员工的基本生活费用，那么员工是不可能进入你公司工作的，无疑加大了企业招聘的难度。

（2）员工前一份工作薪资标准。企业在进行面试的时候，也需要对这个员工

的上一份工作的薪资进行了解。员工换工作的很大一个因素就是为了获得更多的物质利益。员工选择跳槽也是为了能够拿到更高的薪资，即使相比原来的不高的话，也要持平。如果管理者给员工的底薪要低于原来的公司，那么这个员工是不可能留在你们公司的，谁都希望越来越好，而不是越来越少。

（3）参考同地区、同行业以及同品牌整体的薪资标准。管理者必须要了解同地区、同行业以及同品牌整体的薪资标准，因为知己知彼，才能百战百胜。如果对你的对手都不了解，那怎么能成功呢？如果相比同行业水平，你给的薪资水平要低很多，那怎么能招到人才呢？这在一定程度上也会增加招聘难度。

☆ **底薪设置过高的影响**

如果底薪设置过低，提成设置过高的话，容易让营销员产生自身不保的负面情绪，压力过大。如果底薪设置过高，提成设置过低，也可能导致员工安于现状、不思进取。

高底薪的出现，让多劳多得的良性激励方式体现不了，对员工工作的积极性也会有很大的影响。

【解决之道】

☆ **底薪+奖金的薪资构成**

管理者要对新员工的底薪设置进行考虑。如果面试的员工能力达到公司所需的标准，可以考虑给这位员工高点的底薪。同样的能力，干同样的事，给企业也能创造同样的价值，企业应该给他们公平的薪资待遇。但管理者也要注意一点，要考虑工作年限这个问题，可以比老员工适当低一些，但不能低太多。

实际上，如果管理者答应了这位员工的底薪要求，就会造成一些老员工的不满，所以管理者要找到解决方法，不能完全按照员工的要求行事。其实管理者可以采取底薪+奖金的方法给这位员工进行薪资发放。如果这个项目最终完成得很好，管理者可以给他们发放奖金。

☆ **考虑企业的实际情况**

实际上给员工的薪资到底是多少，应根据员工具体工作而定，因为每一个员工的工作能力以及工作绩效并不完全一致，因此能者多劳，收获的自然也就多。但企业应该有合理的财务计划。员工的薪酬与企业自身的财务状况有着很大的联系。如果这个行业普遍不景气，公司的收益也不好，财务比较吃紧，员工的薪资自然也不会高。所以，管理者要根据公司的实际情况，不能随意或者盲目地招聘员工。

【案例启示】

管理者在给员工设置底薪的时候，应该考虑各方面的因素，比如资历如何、职级的高低等，要既能满足面试者的薪资要求，又不对公司造成伤害。管理者应该权衡利弊，留住人才，实现员工与企业的共赢。

【案例5】
新老员工的薪酬问题真让人头疼

【案例现象】

浙江宁波的冯总说："公司里的一位老员工老姜最近跟我说起工资的事情，他问为什么刚来了一年多的同事和他来了五六年的老员工的工资没差多少。"实际上老姜确实是一位有资历的老员工，在过去的时间里确实为公司做出了很多贡献，但最近两年没有什么突出的贡献，积极性也并没有新员工的高。冯总也采取了一些激励措施去激励老员工投入工作，为公司取得更高的成绩，但效果并不明显。

冯总没有立即解释老姜提出的刚来一年多的同事就与他工资差不多的缘由，他不知道该怎么向老姜解释这个问题。

【案例分析】

☆ 新老员工的特点

实际上每一家企业在调整薪酬体系时，都会面临一个问题——新老员工薪酬的设计。

企业中的老员工一般是进入企业已经有相当长的一段时间，年龄偏大、经验丰富、相对新员工的知识水平要低、学习能力和创新能力相对新员工也较弱，同时相对新员工的个人背景，老员工的个人背景更复杂。尽管老员工的忠诚度相比新员工要高很多，但工作中没有努力拼搏的表现，更多的是追求安稳，采取的薪酬激励措施对老员工似乎作用不大，不如新员工明显。事实上，时代在发展，企业也要不断发展才能适应市场需求，因此需要不断地补充新鲜血液，不断地引进各方面的人才。实际上，企业不能忽视老员工在过去的工作中为企业做出的贡献，但在新的形势和工作环境下，老员工很难取得成就，在一定程度上造成了老员工晋升机会比较少。

与老员工相比，新员工市场化程度更高，有着更强的薪酬谈判能力，这会造成新老员工薪酬不平衡的问题。

【解决之道】

☆ 坚持薪酬激励公平性原则

公平性原则体现在依岗、依责而确定薪资。无论是新员工还是老员工，谁承担了更大的工作责任、谁承担了更重要的岗位，就应该有相应的更多的薪酬，这是薪酬激励的基本原则，管理者无论面对什么情况时都不能改变这一基本原则。有了这样的原则，才能够有效减少员工之间的互相攀比，才能降低员工由于薪资不平衡引发的不满、抱怨甚至离职等问题。

☆ 在薪酬中加入工龄奖

实际上，每一位老员工在企业过去的发展历程中都曾对公司做出过或大或小的贡献，而新员工也一样会在时间的推移下成为一名老员工，企业应该认可老员工的历史贡献、老员工对企业的忠诚度以及老员工对企业发展的影响。企业应该根据实际情况，在薪酬体系中加入工龄奖，并规定工作的时间越长，工龄奖越高，一定程度上可以消除老员工不平衡的心理。当然，新员工也会理解和接受公司的这一行为。

☆ 绩效考核管理的加强

衡量员工贡献的标尺是绩效考核。如果一家公司的绩效考核体系非常科学，那么业绩优秀的员工是能够确保凸显出来的，业绩好，薪酬高，能让员工们接受并且为之更加努力地工作。

管理者要加强员工的绩效考核工作，保障绩效考核的科学性。绩效考核不仅仅是评价员工的工作业绩，更是员工工作价值体现的标尺。

作为一名管理者，应该对绩效考核管理部分投入更多的精力和时间，确保绩效考核数据的客观性与真实性，确保以一定的事实和数据对绩效进行评价。以此为基础的评价结果和薪资分配，才能更为员工们信服。

☆ 倡导团结、互助的企业文化

管理者在面对和处理新老员工薪酬的问题时，要主动地引导。让员工眼睛不再只盯着待遇与级别而相互比较，应该让员工的焦点集中在比贡献、讲团结上。管理者要注重引导员工意识和看到老员工在企业长期稳定发展过程中的作用，也要引导员工意识和看到新员工为企业业务开拓及管理创新方面的贡献、作用，让新老员工都能意识到和看到各自的优点。此外，管理者还要培训员工彼此之间合作团结的工作作风，转移对薪酬的关注度。

☆解决新老员工的职业发展问题

实际上，新老员工的薪资设置问题主要体现在技术人员身上。专业技术岗位一般有向上晋升的机制，但并没有向上晋升的机会。有的员工进入企业时就是一个技术员，技术科长还在公司不离职的话，这个员工就是再干五年、十年，都还是一个技术员。在这五年、十年的过程中，来的新人也同样是技术员，就是说新老员工的岗位是相同的。

如果以岗定薪的话，则忽略了员工的其他因素。同上一点，新老员工都是技术员，在岗位制薪酬下，新老员工的薪酬标准应该差不多。工作了十年的技术员和刚参加工作的技术员薪酬一样，老员工当然会有意见。

无论是入职十年的员工，还是入职一个月的员工，如果工作岗位一样的话，也说明了一个问题，就是老员工在过去缺乏发展，不论是何种原因造成的，是企业的原因也好，员工个人的原因也罢，企业都有责任帮助员工成长。因此，企业还应该帮助员工做好职业发展设计与规划，从根本上解决新老员工薪酬不平衡这个问题。

【案例启示】

随着企业的发展，总会有越来越多的老员工，当然为了使企业不断发展，也会有越来越多的年轻人加入企业。管理者在对新老员工进行薪资设置的时候，应该考虑老员工对企业做出的贡献，尽管他现在创新不够，也很难取得大的成就，但都不能否认他的忠诚度，等等。新员工的薪资谈判能力很强，因为他有薪资谈判的条件，比如能力、创新力等，这时候管理者应该协调好新老员工的薪资，坚持薪酬激励的内部公平性原则，可以在薪酬中考虑员工的工龄成分，还应该加强绩效考核管理，让数据说话。此外，管理者应该倡导团结、互助的企业文化，转移员工对薪酬的关注度。

【案例6】
小孔说直接通知他重新签提成合同，接受不了

【案例现象】

小孔来公司将近一个月了，工作一直也很负责认真。有一天上午，人事部的同事将小孔叫到了人事办公室，说她的提成这方面有变动，让她重新签提成的合同。她一看，总经理和部门的领导都已经签过字了，然后就计算了新合同上的内容，发现工作量大了，以前1周需要成交3个单子就行了，现在需要成交4个单子才能拿到提成奖金。小孔询问人事部的这位员工，这位员工说她也不清楚。小孔没有签合同，直接找到了她的部门领导。

因为小孔在合同上看到她的部门领导谢主管已经签过字，所以谢主管应该是知道这件事的，但这件事谢主管并没有和她说过。她询问谢主管更改合同的缘由，谢主管只告诉她这是由于外部原因造成的，所以公司只能这样给你调薪。小孔显然不满意这样的解释，就直接和谢主管说，如果公司还有调整的余地，还可以继续做，如果调整不了，还是这个结果的话，我可以选择走人。小孔认为，这和入职时签的合同并不一样，也没向她解释出为什么要更改。所以小孔接受不了。

【案例分析】

☆ 沟通在薪酬实施中的重要性

很多管理者认为，薪酬体系是一个自上而下的过程，不需要和员工进行沟通，底薪如何以及提成如何都是管理层决定就好，与员工无关，实际上这是非常错误的想法和行为。薪酬激励的对象是员工，如果这个薪酬激励不但没有激励到员工，反而触发了员工比较敏感的一些问题，只能是引发反作用。实际上，如果管理者在薪酬实施的过程中能够与员工保持良好的沟通，那么对薪酬实施的帮助是显而易见的。管理者需要加强对薪酬沟通的制度设计，确保对员工的诉求能够掌握，确保能够发挥薪酬的作用。

回到上述案例中，由于在入职之初，企业和小孔对薪酬这部分已经商量好，包括底薪和提成等。仅仅工作了一个月，就通知小孔去签订提成合同，并且工作量增大了，无论是哪一个员工都不能接受。管理者应该提前和小孔说这个事情，并把工作量和提成将有一定浮动的事情与小孔商量，确保小孔能够接受最终浮动的结果。

【解决之道】

☆ 管理者要健全薪酬实施中的沟通机制

管理者应当对具体的薪酬管理部门予以明确，把薪酬沟通的工作落实到具体的岗位上，保证每一位员工的诉求都可以顺畅地反映给薪酬管理者。此外，薪酬管理部门也应该定期地向管理者汇报，汇报内容包括薪酬实施的效果、员工反馈的意见以及员工反馈的建议。

☆ 定期收集员工信息

管理者应该主动地定期地收集员工的信息。有条件的企业可以通过一些方式方法收集员工的信息，比如通过座谈会、员工活动、培训等。对有意见员工的态度也要做到持续跟踪，不能了解到这件事就结束了，而没有后续的解决方案等。此外，管理者还要加强宣传企业文化和人事管理制度。

☆ 改进沟通方式

管理者要注重与员工之间的双向沟通。在薪酬沟通的过程中，组织与组织之间的沟通、管理者与员工之间的沟通都应该是双向的。通过反复的、双向的沟通，才能让企业与员工之间了解彼此之间的意愿，才能够达到有效的沟通，管理者收集的信息也才能更加完善。在进行双向沟通的过程中，管理者要尊重员工的意愿。只有员工感受到他的意愿得到了充分尊重，才会将心中的想法表达出来，才能畅所欲言。如果管理者是"一言堂"，或者管理者披着沟通的外衣，实际上是在"闭门造车"，这样不但不能达到沟通的效果，不能有效地收集到管理者所需要的信息，反而会引起管理者与员工之间的对立。

☆ **薪酬设计和实施的全员参与**

在薪酬设计和实施需要所有员工都参与时，管理者要把以下几方面的工作做好：

（1）做好薪酬设计与实施前的准备工作。从企业负责人到每一个部门的负责人再到公司里的每一个员工，都需要统一思想，都要了解为什么要改革，改革的方向和目的是什么。

（2）管理者要深入调查研究，广泛征求每一位员工的意见，接受员工的合理性建议。

首先，调查研究工作贯穿薪酬设计与实施的始终，对员工的思想动态、诉求、意见和建议要随时进行了解，确保员工发表意见的通道顺畅。其次，管理者要注意不同阶段的调查关注点是不一样的，要有所侧重，因为改革在不断深入，员工了解的东西也越来越多，员工所关注的点也在不断变化。再次，可以通过多种形式进行调查研究，这些调查研究的形式包括采用问卷、个人访谈、讨论会以及分析会等，征求每一位员工的建议以及意见，保障调查信息的全面性。最后，将通过各种途径对问题、意见和建议进行收集，汇总到人力资源部，人力资源部进行综合分析，提出一些解决方案以及解决措施，再进行上报，分具体情况进行解决。

（3）以制度为根基，根据具体情况进行解决，保障员工的参与权。管理者不要一听到员工有问题、有意见、有想法，就手足无措。实际上管理者在面对这种情况时，应该做到不回避、不推诿，及时解决这些问题。

在薪酬设计中，薪酬实施是非常重要的一个环节。薪酬实施涉及每一位员工的切身利益，因此员工可能会提出各种各样的意见以及问题。很多企业人力资源管理者在设计阶段时，说得很好，但一旦实施了，就会出现各种各样的问题。人力资源管理者在面对这些问题时，也无计可施，无法提出具体的解决方案和解决措施。

在企业管理体系中，薪酬管理是非常重要的一部分，具有科学性，也具有艺术性，如何解决好薪酬实施中出现的各种具体问题，正是显现管理者管理艺术的机会。人力资管理者也应该具备这项基本能力。

【案例启示】

实际上，在薪酬设计与薪酬实施中，能够做到双向沟通是非常重要的，尤其是在薪酬实施的过程中。尽管薪酬体系是一个自上而下的过程，但薪酬关系到每一位员工的切身利益，所以如果和员工做不到良好的沟通，就会出现各种问题。如果管理者对这些问题不能进行有效的处理和解决，就有可能导致人才的流失。

所以，管理者要健全薪酬实施中的沟通机制、定期收集员工信息、改进沟通方式，做到与员工的有效沟通。

【案例7】
绩效让员工红了眼，都不愿分享工作经验

【案例现象】

福建福州曹总公司销售部员工的薪资是基于绩效设置的，但这些员工的资源是一样的，即每一位员工都可以与同一位客户联系。

曹总说："销售部门同事之间的关系很微妙，从表面上看都是一脸笑容，也都互相开开玩笑，但一旦碰到客户的问题，就会变了一个人似的，为了绩效，都在用尽各种方式和办法，老员工不愿分享工作经验，同事间也没有相互传授经验的现象。"

这种现象让曹总很烦恼，虽说这种基于绩效的薪酬体系能够激励员工努力工作，但却也引发了一些问题，比如恶性竞争等。

【案例分析】

☆ **基于绩效的薪酬体系的优点**

（1）基于绩效的体系是一种非常有效的激励机制。如果员工工作表现突出、工作业绩好，当然会比那些业绩一般的员工的报酬要多，因此每一位员工都要不断地提高工作业绩，在工作中出色地表现。当然，在这个过程中也会促进员工自身能力的提高。因此，员工要提高工作积极性，提高工作能力，以取得好的业绩，获得奖励。对于管理者来说，个人收入与企业的业绩、企业的效益紧紧联系在一起，可以促进管理者的责任意识的提高，将企业业绩成长与个人的发展紧紧联系到一起。

（2）基于绩效的薪酬体系可以有效地促进员工之间的竞争，有利于管理者筛选人才。评定绩效并不是只要求员工完成工作，还要求员工工作业绩比其他员工更加出色。如果员工业绩非常优秀的话，不仅是物质奖励，比如薪酬激励，在晋升等方面也会有奖励。这可以促使员工之间相互竞争，促进员工队伍整体能力的提升。

（3）采用基于绩效的薪酬体系，有利于企业对人工成本的控制。当企业的业绩不断提高时，也会有更多的利益激励员工。当企业的效益不好时，也会在一定程度上损害员工们的利益。

（4）基于绩效的薪酬体系在某种程度上缩小了薪酬结构中的固定成分，加大了可变比例。降低了员工的底薪，但可以完成具体目标而获得奖励性薪酬。对于企业与管理者来讲，管理费用减少了，还能够获得更大的成果。对于员工来讲，获得好的工作绩效就能够得到更好的激励。

☆ **基于绩效的薪酬体系的缺点**

实际上，基于绩效的薪酬体系并不是只有优点，它也存在一些问题：

（1）这种涉及绩效的就会促进员工之间的竞争非常激励，不利于员工的团队协作。

（2）基于绩效的薪酬体系也容易导致企业或者员工过于追求短期的利益，对企业长期发展造成一定程度的忽略。

（3）绩效薪酬的前提是企业绩效考核机制的公平性，对绩效考核的要求很高，这需要企业的管理水平很高。

（4）企业的绩效水平并不是处于一直稳定的状态，有时浮动比较大，则有可能使员工产生一些不稳定情绪，加大员工离职的可能性。

（5）如果绩效考核采用了强制比例的方法，这样虽然可以确定每个员工的绩效，比较出员工之间的差距，但强制比例要求一定要评出优秀员工和不合格员工，就容易造成员工之间产生矛盾。

【解决之道】

☆ 客观地评价员工绩效

绩效考评的结果往往是一个分数或一个等级标准。这需要绩效考核将员工的具体工作转化为可量化的分数。这个过程的难度相当大，对于职能部门来说，量化考核一直是个难题，也没有统一的、有效的方法。所以，绩效考核在程序上要确保员工的绩效可量化。

实际上，绩效考核工作也是需要人员进行考核的，这一定程度上也会带有考核人员的主观性因素。因此，如何通过考核程序和方法的设计来降低员工考核中的主观性因素，是一个非常重要也非常困难的问题。

☆ 将企业绩效与员工绩效联系起来

基于绩效的薪酬体系是将薪酬与特定绩效目标相联系的一种薪酬管理模式，它要求员工必须依靠不断努力以及很强的工作能力来获得好的业绩，从而获得更好的薪酬，这使得薪酬管理在薪酬水平与人员创新价值相联系方面更为注重要。

企业绩效是由员工共同创造的，与每一位员工都息息相关。反过来看，企业绩效如何落实到每一个员工身上，是绩效考核中比较难的一个问题。就目前来说，平衡计分卡是较为常用的方法。平衡计分卡提出了四个维度，即财务、客户、内部运营以及创新与发展，通过这四个维度解决了企业财务性指标与员工具体工作之间的关系，再通过一些工具，比如成功关键要素、关键绩效指标等，就可以将企业绩效落实到每一位员工的具体工作中。

☆ 确保员工绩效的持续提升

一般情况下，员工业绩评价是按照一定的薪酬发放周期，比如采用年度、半年、季度或者月度进行考核，还有对员工任期进行考核的方式。无论这个考核周期间隔多长，都会存在一个问题，即绩效考核一般都是在一个时段内的，员工如果想在业绩考核中取得比较好的成绩，就应在考核期内努力工作，以便完成业绩指标，获得相应的薪酬。这种方式确实可以提升员工个人以及企业的业绩，但也会出现一些问题，比如有些员工通过牺牲长期利益来完成短期业绩指标的情况。比如，有些员工为了能够达到销售指标或者为了取得销售冠军，会采用压价的形式，以增加销售量；销售部门的主管也为了完成销售任务，就有可能牺牲员工的培训时间以及机会等。因此，绩效考核的设计对于长期与短期的平衡也要进行综合考虑，达到既能保证当期业绩的实现，还能确保长期发展的潜力。

☆ 营造公平竞争的环境

实际上人人都有虚荣心，虚荣一般是暗争的源头，暗暗较劲的竞争更是无处不在：有为获取某个职位的"明争暗斗"、有为博取某人欢心的"争风吃醋"、为了争夺客户资源的"你死我活"……本来是很好的朋友，因虚荣的暗斗而反目成敌；原来是合作伙伴，会因点滴的利益而反目成仇……

在如今这个社会中，整个大环境弥漫着巨大的竞争压力，在这个环境中要保持与世无争的淡泊心境实属不易……也有很多人说自己不夺利、不争名。而往往说这些话的人基本上是在无名利可得的情况之下的幌子，而一旦面对名和利，便不惜争得头破血流，一些人甚至铤而走险，最终斯文扫地……

所以管理者要营造一个公平竞争的环境，让员工能够公平地竞争。实际上，这样做的好处有三方面：①在公平竞争的环境中能够激发员工的潜能，也能够促进工作能力的提高，员工也会乐于从事工作。②在和谐的环境会减少人际摩擦，减少那些不必要的心理负担，员工也不必为这些人际摩擦付出时间和精力，从而更投入工作，使工作效率更高。③有利于企业塑造核心竞争力。

【案例启示】

管理者要营造一个和谐的竞争环境，不能让员工之间进行恶性竞争。恶性竞争不仅不利于员工工作，比如员工要花费时间和精力处理这些人际摩擦，还不利于企业核心竞争力的提高。对待员工的绩效要客观地评价，还要将企业绩效和员工的绩效联系起来。此外，管理者还要注意一个问题，就是要确保员工绩效的持续提升，不能因为短期的获取绩效而忽略了长期的发展。

【案例 8】
到底是注重团队绩效还是注重个人绩效

【案例现象】

天津的窦总最近很烦恼，在进行团队测评时，如何对团队绩效与员工个人绩效之间的关系进行平衡是非常大的难题。如果要将团队的集体优势得到最大限度的发挥，就应非常重视团队整体业绩的考核。但窦总发现，如果只把关注点放在团队绩效上，对员工的个人绩效不考虑，其结果就会导致"大锅饭"的现象，会打击员工的积极性，最终让员工没有责任感；如果对团队成员的个人绩效过分强调，一定程度上可以使工作中偷懒现象降低，但会使团队成员之间造成紧张的氛围，影响他们的合作。

此外，窦总还发现一个问题：有时候为了鼓励团队成员的合作，采取的是奖励团队的方法。那么就会引发两个比较突出的问题。一是这个团队的业绩一直很好，但其中有一两个员工的业绩在整个企业来说都是倒数的，但奖励的是那个团队，因此这一两个业绩很差的员工在年底奖励的时候也能获得一笔奖金。二是有一个团队整体业绩很差，在所有团队中是倒数的，但这个团队中的一个成员业绩很好，在所有员工中是名列前茅的，但却因团队业绩不好从而没有得到奖金。

种种问题导致窦总真的很烦恼，不知道到底是注重团队绩效还是应该注重个人绩效。

【案例分析】

☆ 团队绩效和个人绩效都应注重

窦总遇到的两难境地在实际工作中会有许多团队会面临。实际上，企业的每一项工作基本上都是以团队的形式开展的，如果在绩效管理只关注员工个人绩效，奖惩制度只针对每个员工的个人绩效，就有可能使团队内部员工产生激烈的竞争，甚至是恶性竞争，有可能还会出现有个别员工为了获取个人业绩而不惜以牺牲团队利益为代价的现象。员工个人绩效的考核的注重虽然有助于减少部分员工在工作中发生偷工减料、"搭便车"等现象，但这也忽略了一个重要的问题：作为一个优秀的团队应该具备的基本的特征——协同与合作。实际上，团队取得的业绩如何，很大程度上依赖于团队中每一个员工的努力。事实表明，当管理者把团队绩效以及员工个人绩效都作为绩效考核的重要因素时，才会使每一个员工都能发挥出最大的才能，团队也才会取得理想的业绩。

☆ **团队奖励和员工个人奖励的特点**

（1）如果是通过团队完成某一项工作时，每个成员都会为团队工作的完成作出或大或小的贡献，所以作为团队中的一部分，每个员工都有资格获得奖励。

（2）对团队进行奖励，不仅可以提高团队员工的凝聚力，还能够提升员工的集体主义精神。

（3）对团队进行奖励有助于员工更加关注团队的进步以及团队取得的业绩，会更加主动地配合同团队中的其他员工去完成工作，以及对比别人的努力程度。

（4）团队最终取得的工作成果很难分出每个员工的具体贡献，因此也无法奖励个人。

（5）事实上，由于个人能力、个人工作态度、工作岗位的不同等，每个员工对团队所做的贡献是有差别的，所以如果奖惩机制只针对团队的话，就会忽略团队成员的个人努力。

（6）如果只对团队进行奖励的话，不仅会降低团队员工的责任感，还有可能产生互相扯皮、推诿的现象。

（7）如果只对团队进行奖励的话，会让员工感到自己没有受到重视，还会有"干好干坏都一样"的思想，结果就会出现直接不干的情况。

（8）如果只奖励团队，表现较好的员工就会与其他员工对比，尽量使自己的努力程度低于或者不高于别人。

【解决方案】

☆ **衔接团队绩效和员工个人绩效**

要将团队绩效和员工个人绩效的考核有机衔接起来，使其并存于企业绩效管理过程中。

下面列举一些团队方面和员工个人方面的内容，二者可以衔接起来，对员工的绩效进行有效管理。

团队方面：①团队之间的合作如何？②团队成员在交流时会听取他人的意见吗？③在决策时，团队成员的意见是否统一？④客户对团队的工作情况是否满意？⑤积压工作坚守的比率是多少？⑥团队工作过程的周期是多长？⑦团队是否追求效果？

员工个人方面：①该员工与其他团队成员是否合作？②员工之间是否会交流看法？③团队的决策过程是否参与？④能否在规定时间内完成个人业绩？⑤能否向团队提出有效的建议？⑥工作完成的情况如何？

☆ **根据具体情况进行奖励团队和个人**

对于一个企业来说，对团队进行奖励还是对员工个人进行奖励都是个性化的问题，每一家企业都应该根据实际与具体情况的不同而制定。

可遵照以下原则：

（1）当以团队奖励为主时，假如有些员工个人超额将工作标准完成了，就应该给予额外的奖励。

（2）要让团队成员知道自己为组织作出多大的贡献。

（3）如果公司里的团队出现同质性较高、团队凝聚力较强且工作成果很难划分的情况时，可以采用对团队进行奖励的方式；反之，应该以员工个人进行奖励为主。

【案例启示】

事实上，每一家企业都会面临这个问题，绩效考核是以团队为主还是以员工个人为主，奖励时是以团队为主还是以员工个人为主。管理者在面对这个问题时，可以根据企业具体情况而定，因为无论是单独地以团队为主还是以员工个人为主，都会产生一些问题。所以管理者应根据企业的实际发展情况以及团队情况等确定以哪一种形式为主进行绩效考核以及进行奖励。

【案例9】
员工抱怨衍生工作多，导致绩效低

【案例现象】

陕西咸阳的淘总跟我说他公司的一个编辑抱怨衍生工作太多，导致一天做不了多少工作，绩效也很低。笔者就问陶总，这个员工抱怨衍生工作多，具体指的是什么。陶总说："公司最近刚搬到一个新的办公区，由于我们编辑部的同事不少，因此公司有几个书架的相关书籍，但这些书籍的种类比较繁杂，搬到新办公地址之后没有进行整理分类，导致很多时候需要一两本书的时候要找遍几个书架，有时候还可能没看见，错过那本书，又要找很久，要花费很多时间。所以那名员工就抱怨。"

笔者就告诉陶总说，既然你已经知道了问题的根源在哪，那就解决啊，虽然这几个书架的书确实不少，确实需要大量的时间来整理分类，但笔者相信这些时间总比每一个员工找一本书翻遍所有书架的时间要少得多，并且整理之后，员工可以快速地找到自己需要的书，何乐而不为呢？

【案例分析】

☆ 衍生工作对正常工作的影响

在企业管理中，有些时候在进行变革时不但没有触及根本，反而产生了大量的衍生工作，导致工作效率下降，工作绩效不好。这种现象也称为"叠补丁效应"。

在企业的管理中，总是不断地发生这样的事情，消耗着企业的资本。你是不是也有过这样的经历，因为公司的规定，而在处理某项工作时必须多走一些弯路，因为你觉得自己权力有限，而没有向管理者反映这个问题，最终导致重复工作，使工作效率降低？你是否也有出于对权力的畏惧，在处理某项工作时，为了不触及管理者的利益而打"擦边球"，只对表面的现象进行解决？你是否经常感觉自己老是在做一些重复而且没用的工作，问题的根源却找不到？

☆ **产生不必要"衍生工作"的主因**

其实导致出现不必要"衍生工作"的原因很多，下面介绍一下几个主要原因。通过对这些原因的分析，你或许会发现你的企业中正悄然发生着这些问题。

（1）问题的根源发现不了，导致发生衍生工作。这是"叠补丁效应"在企业中最直接的表现，由于层级之间信息断裂，或者上下级之间交流不善，从而导致员工要处理某项重复的工作，这样的现象其实管理者并不会轻易地发现，从而导致参与这项工作的员工对这项工作的无用性也很难意识到。

不得不说，在管理者的决策方面，员工往往由于不了解决策内容，而只专注于领导的这项决策需要自己做什么，进而很难在工作过程中发现这项工作的无用性。管理者可能会纳闷："肯定是哪里出了问题？一定是出了问题！"但员工一般并不会有这种感受。很多时候，管理者会很纳闷，长时间如此的自我追问而陷入焦虑状态。事实上，如果管理者对工作的流程有了一定的了解，或者细心地体会工作流程，就会很容易地发现这样的问题。

（2）部门之间沟通不畅，而只解决自己部门的问题。这种现象在企业中很普遍，每个部门的负责人都会有这样的想法：不得罪人，做好自己"分内"的工作。当再次发生问题时，部门的负责人还是采用一样的方式处理问题，从而隐藏了本质问题，衍生出大量无用的工作。在企业中这种问题所引发的"叠补丁效应"最为常见，这涉及不同部门之间和不同层级之间的配合。然而，企业赋予员工的使命使得员工只专注于做自己"分内"的事，无法察觉外在的问题。

（3）避免触及权力者的利益，而只解决问题的表面。每一个人都喜欢听赞美的话，企业管理者当然也是如此。没有人愿意得罪管理者或者说上级，这在很大程度上是因为关系到自身的利益和自己的发展前景。因此，在触及权力者或者说管理者利益的时候，下属或者员工往往由于敬畏权力而使工作偏离了正确的轨道，从而产生重复的工作。

【解决之道】

☆ **以结果为导向发现问题**

实际上，出现不必要衍生工作的根本原因在于管理者没有抓住问题的重点以及核心。重点指的是发现问题，核心是解决问题。只有发现了问题并解决问题，才能破除"叠补丁效应"对企业造成的危害。

全局意识要求管理者对企业中各部门之间的合作方式及各项事务的流程要非常熟悉和了解，对企业整体的发展态势要有清晰的把握。同时，要以实际的工作效率为导向，发现员工在工作过程中出现的问题或者管理者在管理过程中出现的问题。

比如，一家企业的销售部门最近几个月的销售业绩不断下滑，也证实了出现问题的地方是在销售过程中。管理者这时要自上而下地对导致这种结果的原因进行考虑，是不是企业的新政策影响了销售部门？是不是生产部门的生产对销售部门的需求根本满足不了？是不是各部门的工作与销售部门出现了问题？销售部门里的每一名员工的销售业绩的波动有没有特别明显的？导致出现波动的原因是什么？

☆ 建立一套完善的规章制度

很多时候，出现问题的原因并不只是员工，或许是企业的规章制度出现了一些漏洞。不完善或者不合理的制度都会对企业造成不利的影响，导致企业进入"病态"的迟缓发展阶段。合理的规章制度，应该体现员工的切身利益以及各部门之间的合作关系，降低团队合作中可能会出现的问题，使企业的利润最大化。

对于员工个人的发展而言，也同样要从中获得启发，看问题时不能只看问题的表象，只有找到问题的根源，才能知道问题出在哪里，才能找到解决问题的方法。

【案例启示】

很多企业都会由于种种原因导致出现不必要的"衍生现象"，导致员工一直做重复工作，导致员工绩效低。如果管理者发现不了这个问题的原因所在，就会对企业造成不利的影响。所以管理者如果发现工作中出现了问题，要以结果为导向找出问题的根本原因是什么，然后找出解决问题的方法，此外还要建立一套完善的规章制度。

第七章

团队岗职岗责

岗位，也称职位，是根据组织目标设置的至少具有一个人工作量的单元，岗位的职权和责任是相对应的。

岗位具有以下三个方面的要素：

（1）职务，指规定担任的工作或为实现某一目的而从事的明确的工作行为。

（2）职权，依法赋予职位的某种权利，以保证履行职责，完成工作任务。

（3）责任，指担任一定职务的人对他这一岗位具有责任。

在岗位设置时，要遵守以下几方面的原则：

（1）因事设岗。管理者在进行岗位设置时，要着眼于企业现在的发展情况，着眼于企业的发展方向。根据部门职责对岗位进行设置，千万不要因人设岗；岗位和人应是设置和配置的关系，千万不能本末倒置。

（2）规范化。规范岗位的命名及工作职责界定在组织内部；在对岗位名称进行设置的时候，要注意避免歧义，岗位名称能很直接清楚地反映出岗位的工作内容和特征；岗位职责一定要清晰、明确，同类职责的要求一定是一致的。

（3）长期性。管理者在进行岗位设置时，一定要注意保证岗位职责的长期性，且具有一定的稳定性；临时性职责可以通过暂时增加长期岗位工作职责，设置最少量的临时性岗位，或通过"社会化"实现；在完成临时性职责之后，临时性岗位应该给予撤销；一个岗位的长期性必须有基本饱和的工作量。

（4）最少岗位数。在满足运作的前提下要保持最少的岗位数量，最少的岗位数量不仅可以最大限度地节约人力成本，还可以缩短岗位之间信息传递环节，减少滤波效应，从而促进组织的效率和市场竞争力的提高。

（5）风险与内控。依据风险与内控的要求，实施必要的岗位分设以及控制点岗位的增加。在对岗位进行分析时，要尽可能消除管理者和员工对岗位的认识差异是其主要目的。

部门职责和岗位职责也要界定清楚，这是集团管控的基础所在。职责的明确要紧紧围绕企业的发展战略及其核心的业务，如此才能实现企业资源的合理配置，达成企业的发展战略目标。

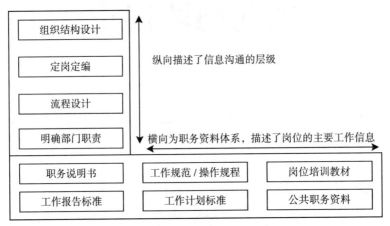

图7-1　部门、岗位职责说明在管控流程中发挥承上启下的作用

【案例1】
有必要进行岗前培训吗

【案例现象】

安徽合肥李总的企业这几年规模一直在不断增大，发展速度虽然不快，但一直在稳定地发展。李总认为，人才是核心竞争力，如何招人以及留住人才很重要，并且一定要进行岗前培训。说到岗前培训，李总很得意地说，我们公司的每一位新员工在入职以前是一定要进行岗前培训的。

企业为新员工组织岗前培训，也是希望新员工拥有共同的奋斗目标、共同的经营理念。公司会组织很多岗前培训工作，很多人都很不理解为什么要花费时间和精力在这上面，但更让那些人不理解的是李总会让新员工进入每个部门实习。

这在某种程度上来说会让某些员工反感，甚至刚入职就离职。因为这些新员工会有这样的疑问，"有必要进行岗前培训吗，还要进入各个部门去实习？"对于这些疑问，李总回答得很简单，就是要进行岗前培训，这是非常重要的、不可或缺的一个部分。

【案例分析】

☆ 岗前培训重要吗

实际上，岗前培训非常重要，也是每一家成功的企业都必须要进行的一项培训。新员工进入一家公司后，最重要的并不是立刻让他工作，在短时间内让他上岗，而是要进行岗前培训，通过岗前培训，可以让员工对企业更加了解，包括企业的发展历史、企业的愿景、企业的文化、企业的制度等，让其对企业的精髓进行真正的了解，从心底愿意贡献自己的力量，愿意发挥自己最大的能力，从而使整个公司的员工形成一种向心力。

实际上，员工的培养就像是建设一座高楼，如果地基没有打好，那么建设得越高，出现的问题越多，而且建起来的楼房倒塌了也是很有可能的，之前一切的努力就付诸东流了。因此，要对新员工进行岗前培训，要知道教育可以将一个人的思考模式进行改变，训练对一个人的行为模式也可以进行改变，当一个人的思考模式和行为模式都发生了改变的时候，那么其行为结果当然也会发生很大的不同。所以，每家企业的管理者都应该意识到对新员工进行岗前培训的重要性。

其实仔细想想就会明白这个道理，如果管理者愿意在招聘时多花一点时间，多走一个流程对应聘者进行面试，对岗前培训也是非常认真地对待，那么选拔出来的人也会更加符合企业，这个员工在日后的工作中也会为企业创造更多的价值，而不是经历一段时间的磨合造成很多的麻烦，最终选择离职。企业如果随随便便就招来一个员工，不做任何岗前培训就让其直接上岗工作了，这看起来是节省了很多时间，也为企业招兵买马了，但在日后工作过程中出现问题也是不可避免的。

管理者如果在招聘时就怕麻烦，那么就等于是在为日后的工作埋下隐患，因为员工上岗工作后会有各种各样的麻烦随之而来。如果管理者在员工工作前多下些功夫，真正找到适合这个岗位的人，那么这个员工在上岗之后当然也会更容易地熟悉工作内容，进入工作状态，这样可以有效地避免总有不同的人来面试、不同的人来入职、不同的人又离职、企业不停地招人的局面。

对于应聘者来说，进入企业工作后发现并不是自己所期待的那样，与自己的理想也不相符，于是就会选择离职，这对他的损失也就是再花费时间和精力寻找下一份工作；但对于企业来说，一个员工辞职了，会造成岗位空缺，对一个企业来说有可能就造成环节的断层，就会导致整个企业无法正常运转。因此，管理者更应该认真对待这个问题，认真做好岗前培训，不能草草地就招聘一些员工，然后让其上岗。

【解决之道】

☆ 岗前培训的内容

每家企业的管理者都希望每个新员工都拥有共同的奋斗目标、共同的经管理念以及共同的价值观等。当然，由于企业的不同，其组织的岗前培训的形式也会有所差别，但其宗旨和目的是一致的。

组织新员工进行岗前培训的内容包括以下几方面：

（1）企业的发展历史及组织架构的介绍；

（2）企业的具体薪资及福利制度；

（3）新员工进入企业之后，让其对具体工作岗位的发展前景进行了解；

（4）将员工个人的生涯规划与企业未来的发展方向结合起来；

（5）怎么做、做到何种程度才能在企业中成为最佳员工。

此外，管理者在进行岗前培训的过程中，还应该让新员工把自己的心态调整好，认同企业的价值观以及企业的经营理念等，这样才能与企业并肩作战，也才能更好地在企业中工作，实现自己的职业理想。

☆ 到其他部门实习

很多发展非常好的企业管理者像李总一样，会让新员工进入各个部门实习。实际上包括很多新员工在内的人都理解不了，到其他部门去实习是干什么，为什么去实习，实习就是浪费时间、浪费精力。

许多新员工嘴上并不说什么，但心里是十万个不愿意，进入公司还要到其他部门去实习。这些新员工包括学历高的员工，比如硕士、博士生，等等，但也要从事一些类似发传单、销售的工作。财务部门的人可能就会在那抱怨，说："为什么我一个财务部门的员工要来发传单，我来工作的岗位是出纳的工作内容，并不是销售，销售的话术、销售的技能技巧有必要掌握吗？真不知道有我们什么事？"

实际上，管理者在看到这个现象的时候，是非常高兴的，不会有任何的不开心，因为一家企业最怕的就是每一个部门、每一个员工推卸责任，互相推诿。如果每个员工都抱着我的工作与其他部门没有关系的想法和态度进行工作的话，那么以后设计产品的人就会对市场很陌生，销售部门的员工也不了解产品的性能和优势，这些都给企业的发展造成了很大的隐患。

事实上，员工通过在其他部门的实习，可以学到原来无法学到的知识，接触到自己擅长领域之外的东西，对自己的工作也有很大的帮助。

【案例启示】

很多企业都没有对新员工进行岗前培训这一项，直接招聘一些人然后让其上岗工作，从表面上看节省了时间，也为企业扩大了人手，实际上却为企业日后的发展埋下了隐患。企业需要花费更多的时间来进行招聘工作，因为这些人进入工作后发现与自己的理想或者工作意向不符时会选择离职。因此，管理者需要意识到岗前培训的重要性。

在进行岗前培训时，管理者要注意岗前培训的内容，让岗前培训真正起作用。另外，管理者还可以让新员工到其他部门去实习，让员工对公司整个运营情况进行了解，可以了解每个部门的职责等，还可以扩大自己的知识领域。

【案例2】
公司业绩下滑是谁的责任

【案例现象】

山东青岛彭总的公司最近效益下滑得厉害，在公司的例会上，彭总要求每个部门的负责人都谈谈自己的看法，给出一些解决问题的策略。

销售部负责人第一个说道："最近销售业绩不好，我也很着急，也进行了一些总结与反思。我认为有以下几个因素导致业绩下滑：①人手不够，最近销售部人员流失大。②竞争对手渠道进行了变革，直接供货给二批商，我们的许多终端都被抢了。③新产品太少，没有和竞争对手竞争的筹码，产品老化也是客户不与我们合作的一个主要原因。实际上，作为销售部门来说，业绩不好，我们是有不可逃脱的责任，但我总结出来一些原因，对这些原因进行分析之后，发现人力资源部以及研发部都有责任，所以，希望在日后的工作过程中，这两个部门能够与销售部加强合作。"

研发部经理不紧不慢地说："不否认今年我们部门推出的新产品少了，但有一个事情我想大家都知道，研发部的研发预算相比去年削减了很多。此外，关于我们部门的激励措施到现在还没有出台，很难调动员工的积极性。这种种原因，又怎么会有很多新产品不断设计出来呢？"

人力资源部的经理说："每一天我们部门都在不停地招人，但是也要拜托各位，如果以后需要招人，能不能提前告知我们，不要下一秒就需要人，这一秒才通知我们，就算是神仙，也不可能在这么短的时间里招到人。"

财务部的经理听了，也有一些气愤，说道："削减了一些部门的预算不假，但是为什么要削减预算，你们又不是不知道，还不是公司业绩低，利润下降。"

……

你一言我一语地充斥着整个会议，大家貌似都没有责任，都没有错，也都认为自己把工作做到位了……

彭总听过他们的对话，陷入了沉思。

【案例分析】

☆ 无止境地争吵有用吗

我相信很多企业都会遇到这种情况，很多管理者也会遇到这种状况，有可能像案例中的各个部门的争吵，有可能是同一部门的各个员工的争吵，争吵的内容无非就是自己有责任，但其他人也有责任，这件事没有办成，与自己并没有直接的关系。于是部门与部门之间、员工与员工之间就进入了无休止的争吵、推诿中，各说各有理，但这种争吵有用吗？能解决问题吗？答案当然是否定的。

但类似的争吵和推诿扯皮依然在不停地上演，几乎占据着整个会议的时间，整个会议结束了，还是不清楚责任究竟在谁身上。管理者也是头疼无比，看到这个现象也只能直摇头。

☆ 职责不清

如果一个企业内部各岗位职责不清，各个部门如果只知道整天扯皮，那么效率自然会低下，为员工完成不了任务提供了空间以及可能性。

事实上，从上述案例中，我们也不知道问题到底出现在哪里，责任由谁来负，因为这造成了职责不清的现象。职责不清会导致很多问题，比如：

（1）没有明确的岗位职责划分，工作可能出现疏漏。要么是有些工作人人争抢导致职责重叠，要么是有些工作无人问津造成职责缺位，甚至有可能出现多头对外或者对外表态不一致的情况。

（2）行为越权。假如一名员工对自己的岗位并不清楚，包括工作范围、责任以及权限等都出现不清楚的状态，就会导致出现超越自身能力或者权利范围之外的行为。

（3）奖惩无据。实际上，如果岗职岗责都不清楚的话，考核指标自然也不会清晰。如果在工作中出现了很大的失误，也会由于岗职岗责不清楚，无法确定是谁的责任，导致责任不清，无法进行惩戒。同样，如果在工作中取得了很不错的业绩，也不确定是谁的贡献，则无法进行奖励。因为责任不定，奖罚也缺少依据。

☆ 管理者的职责

在《韩非子》中有这样一段记载：昔者韩昭侯醉而寝，典冠者见君之寒也，故加衣于君之上。韩昭侯觉寝而说，问左右曰："谁加衣者？"左右对曰："典冠。"君因兼罪典衣与典冠，其罪典衣，以为失其事也；其罪典冠，以为越其职也。非不恶寒也，以为侵官之害甚于寒。

这段话大意是有一次韩昭侯因为醉酒睡着了，掌管国君帽子的官员担心韩昭侯着凉，就给他盖上了衣服。韩昭侯醒了之后很高兴，问旁边的人说："是谁给我盖的衣服？"侍者回答说："是典冠官盖的。"韩昭侯却一起处罚了典衣官和典冠官。处罚典衣官，大家都知道是因为他失职了；而为什么要处罚典冠官，而不是奖励他呢？韩昭侯处罚典冠官是因为他越权了。韩昭侯不是不怕着凉，而是觉得失职与越权的危害比着凉更大。

在很多人看来，韩昭侯的做法似乎不近人情，但他的做法是有一定道理的，他是在向职责不清说"不"。在职场中只有分工明确，职责清晰，才能将工作执行到位。

岗职岗责不清看似是人力资源的问题，但在很多情况下，直接反映的是一家企业的管理水平，与管理者有很大的关系。比如，管理者如果对哪里有风险根本不清楚，如何通过岗位去防范风险自然也不清楚，那么岗位职责到底是什么就难以明确了。所以作为一名管理者，要不断提高自己的管理水平。

【解决之道】

☆ "一对一，百分百"

"一对一，百分百"是指每一份责任，无论这一份责任的大小都必须落实到某一个部门、落实到每一个具体的员工身上。一旦落实下来，该部门与员工就必须对此承担百分百的责任，如果做得不好，是绝对没有任何借口的。对他进行评价时，也只以结果为唯一标准。

管理者要想让你的员工负起责任来，就必须做到明确每一个部门、每一名员工的责任，任何时候都要严格抵制出现职责不清的情况。

比如上述案例中各个部门的争吵，无非是责任的推脱，实际上无论是公司业绩好还是不好，每个部门都是有目标和责任的，某段时间的目标以及该承担的责任是多少，管理者应该明确他们的责任。这个责任与其他的部门有关，但实际上这个部门作出的结果怎样，要依据结果对这个部门进行奖惩。同理，对待每一位员工也是如此。

☆ 给予必要的工作指导

很多企业都有相对翔实的岗位职责书，但纸上的文字与实践并不相同。还有句话叫作"一千个人心中有一千个哈姆雷特"，因为每个人的理解也是有差异的，并不是相同的。所以需要必要的工作指导。有一些企业采取的措施是"传、帮、带"，通过这种方式帮助员工对岗位形成一定的正确理解，但这种做法在现代的工作中并不是很常见。员工仅凭自己的工作经历，尤其是一些刚加入工作的人来说，要想充分了解岗职岗责，确实非常困难。

【案例启示】

管理者在面对这种情形时，有时会很生气，为什么手下的人会这么不负责任、互相推诿，实际上除了对手下的人进行培训或者惩戒之外，还应该反思自己，是否自己的管理水平有待提高，岗职岗责是不是并没有明确给每一个部门，等等。管理者要带好头，意识到明晰岗职岗责的重要性，只有这样，下面的每个员工才能明确自己的岗职岗责，管理者在进行奖惩的时候才能有一定的依据。

【案例3】
老员工认为苗经理不在就要听他的

【案例现象】

江苏南京的苏总最近跟笔者说起一件事。苏总和手下的苗经理要出差几天，苗经理一走，那个部门就群龙无首了，因此让一个老员工代为管理，处理一些日常的工作。如果有什么问题的话，要主动与我们商量一下。结果呢，那位老员工倒好，他们部门的事情，他都擅自做主处理，还说苗经理不在，那个部门属他来的年头最久，资历最老，所有人都要服从他的安排！所以大事小情都由这位老员工一人做主了，包括一些需要苗经理参与决策的事情他也直接拍板。员工对这位老员工的做法都看在眼里，但也很无奈，一是因为毕竟苏总和苗经理出差的时候，指定的就是这位老员工代为管理部门的事情，二是这位老员工确实资历深，工龄长。

在苏总与苗经理出差这几天，公司在这位老员工的管理下不但没有出什么问题，反而有的活动做得还挺成功。

但苗经理找到了苏总，说出了心里话。苗经理认为这个老员工虽然在他们出差的这段时间，将他们部门管理得非常好，但遇到苗经理需要决策的事情时，这位老员工擅自拍板，不和自己进行商量，这等于是直接忽视苗经理的存在，苗经理心里有些不舒服。苏总也感觉到他们之间的不和谐氛围。

【案例分析】

☆ "倚老卖老"

很多公司都会出现这样的情况，就是上司出差了或者有事不在公司，让老员

171

工代为管理公司。一些老员工认为"山中无老虎，猴子称霸王"，自己就是管理者。因为这样的老员工存在一个共同的特点是自己的资历深、工龄长，在领导身边待得久，所以领导不在，当然自己说了算。

而部门里的员工，尤其是一些新员工，认为他是老人，只能听从他的话。实际上这些老员工擅自做主的行为会引发一些问题，比如在上述案例中，尽管在苏总和苗经理出差的时间里，这位老员工将那个部门管理得很好，活动也举办得很成功，但依然造成苗经理与这位老员工关系的紧张。假如在管理者出差的这段时间，若公司管理中出现了一些问题，就会对公司造成巨大的损失。

我国很多企业中这样的老员工比比皆是，缺少组织性、纪律性是这些老员工最大的特点，他们将个人情感凌驾于组织发展上，是不符合当代企业发展的模式的，这只会对公司的发展造成一定的损失。

☆ 明确自己的职责，知道权和责

每家企业都有自己的组织架构，尽管在上述案例中，苗经理出差了，将管理部门的权力交给了这位老员工，但苗经理对一些事情的决策权并不是这位老员工可以忽略的。如果对这个不明确的话，如果出了问题，对公司造成了很大的经济损失，那么这个责任该由谁来负呢？所以无论是什么样的情况下，都应该明确岗职岗责，明确自己的权力、明确自己的职责，这样才能更好地进行工作，公司也会稳速发展。

管理者授予员工权力的时候，也应该告诉员工哪些事该干，哪些事不该做，做这件事的目的是什么。换句话说，就是给予权力的时候就是控制权力开始的时候，权力发挥什么样的效能，权力使用范围，都应该有明确的规定，在使用范围内，合理使用权力，没有越权的行为，权力就可以发挥最大化的效能。实际上，企业就如同一个团队，如果某些员工在使用权力时超出了权力范围，那必然会导致企业内部出现不和谐的状况，这样对员工的积极性就会造成极大的打击，不利于企业的发展。

【解决之道】

☆ 统一指挥

企业内部要坚持一个部门只有一个负责人的原则，一个企业只有一个拍板人的原则，采取责任问询制。负责人只有一个，权力就被统一了，权力统一了就能保证制度的实施，保证工作流程的顺畅。

☆管理人数必须要有限制

部门管理者管理的人数必须有限制，管理4~6人为最佳。如果管理者下面需要管理的人数很多，管理者的精力会被每一个人分散，管理者的决策就会没有办法很细致、很专业地执行。如果一个部门有很多的员工，可以建立小组长机制，让小组长管理员工，管理者重点管理各个小组长，这样就可以分散管理者的精力。

☆ 分工细致，真正做到"钻"

管理者可以是一个"杂家"，但员工需要做一个"专家"。管理者需要对员工进行专业化的分工，保证每一个部门的业务都能达到高水平，这样才能更好地促进公司的发展。

【案例启示】

团队的组织架构需要科学地制定，能够有效地防止企业内部出现滥用权力的现象，保证公司稳速发展。作为一名管理者，必须有卓越的远见，能够预知公司发展的未来，如果没有组织架构作为依据，就会出现"领导不在我说什么就是什么，我最大""什么事听我的就行"的现象，企业的发展和未来也就根本不用谈了。

【案例4】
秘书小唐真令我刮目相看

【案例现象】

小唐是一家公司新来的秘书，整理、撰写、打印各类文件材料充斥着她每天的工作时间。小唐的工作在很多人的眼里不仅单调而且很乏味，但小唐不这样想，她认为这份工作很有意思。小唐认为检验工作的唯一标准是你做得怎么样，好还是不好，是否已经尽职尽责，并不是其他的。

小唐每天都重复地做着这些琐碎的事情，但工作一段时间以后，她发现公司的文件存在的问题很多，在经营运作上也有问题。所以，每天她将本职工作做完后，还会认真地收集一些资料，包括已经过期的材料。她把这些收集到的资料进行分类整理，并阅读、查询了很多与经营相关的书籍，分析这些资料，然后写出了一些建议。她将分析结果、建议以及相关资料一并交给了她的老板郑总。起初郑总也没怎么在意。在一次偶然的机会下，老板看了小唐的那份建议。郑总大吃一惊，这个刚来的秘书让他刮目相看，居然有这样缜密的头脑，而且分析很细致，有理有据。老板决定采纳小唐提出的建议。从此，郑总开始对小唐另眼相看，并逐渐委以重任。

【案例分析】

☆ 轻视工作、忽略自己的责任

当你为公司工作时，无论老板把你安排在哪个位置上，都不要轻视自己的工作，都要担负起自己岗位的职责。很多员工认为自己在公司里只是一个小员工，能做的就那些，自己的工作对公司不会有什么影响，于是对待工作马马虎虎，觉得做好做差都不会有什么关系。

还有一些员工在工作过程中推三阻四，总是找各种借口和理由为自己开脱，这样的员工工作了一辈子也不会有多大的成就。因为他们不知道用敬业的态度来担负起自己的岗职岗责，他们当然也不知道自己的能力只有通过兢兢业业地工作才能得以体现。

【解决之道】

☆ 敬业精神

杰出人才是什么样的？黄石公认为无论职务大小、岗位高低，都能做到尽职尽责、忠于职守、一丝不苟、认真负责以及善始善终的人就是杰出的人才，即杰出的人才能够做到"守职而不废"。"守职而不废"的工作态度是中国历代圣贤所提倡的，在孔子看来，就是要用"尽善尽美"的态度进行工作。

《伦语·八佾》中有"尽善尽美"一词的来源，"子谓韶，尽美矣，又尽善也。谓武，尽美矣，未尽善也"。

尽善尽美在工作中的体现就是敬业，在工作的过程中毫不保留，全身心进入工作中，付出自己最大的努力，有多少力出多少力，这是敬业的表现。在工作中追求尽善尽美，值得我们每个人作为人生格言，如果每个人都能够尽善尽美地做一件事情，那么无论他做什么事情，都会更加趋向完美。同时，这也是对我们每个人的诉求，如果在工作中不追求尽善尽美，自然也不会回馈给你什么。

不论你的工作岗位是什么，报酬是多少，都需要保持良好的工作作风。人人都要把自己当成一名艺术家，不要把自己看成是一个平庸的工匠。如果每一名员工在工作的过程中都带着热情和信心，在工作中享受由专注以及创造带来的喜悦，那么在工作中取得的成就自然也不会差。事实上，每一个人都不可能做到完美无缺，但我们需要不断增强自己的力量、不断提升自己，只有我们对自己的要求越来越高，我们才会越来越接近完美。做人要尽善，只有竭尽所能地做事，才能接近尽善尽美。

事实上，做事也是做人的一部分。如果以尽善尽美的态度对待工作，对长久的职业生涯来说也是非常有利的。

如果你没有选择工作的能力，但你可以选择工作的态度，"敬业"或者"随便"。所谓敬业，是一种积极的工作态度，是一种责任，更是人的一种追求，也就是上文叙述的"守职不废"。在工作中全身心地投入，将在别人眼中视为小的事情做到极致，可以使你在人群中脱颖而出。

☆ **克服困难也是尽职尽责的表现**

一个人在成长、发展的道路上，不可避免地会遭遇到各种各样的困难。要克服这些困难，就必须要有尽职尽责的态度和决心。尽职尽责是成功的人之所以成为成功者的一个非常重要的方面，也是由弱变强的过程中应该具备的职业素质。如果一个员工能在工作中做到尽职尽责，并且把尽职尽责变成一种行为习惯，那么这个员工会一辈子从中受益。

尽职尽责并不仅仅是一个概念，更指的是一种实际行动。当把尽职尽责当成一种职业习惯时，会发现可以学习到许多知识，积累许多工作经验，还可以从全心全意投入工作的过程中得到快乐，从工作中收获成就而喜悦。

【案例启示】

一家企业的岗位有很多，当然需要员工从事这些岗位，可能会出现有些人轻视自己岗位的现象，从而工作起来是随便、敷衍。实际上，无论是何种岗位，能以尽职尽责的态度对待工作，最终就会获得成功。

【案例5】
出了问题，两个部门互推责任

【案例现象】

湖北武汉的苗总收到客户的投诉。投诉的内容主要是客户咨询一些问题时，出现没人回应的现象。苗总认为这个问题很有代表性，便将两个负责部门的主管叫进了会议室，谈谈他们的看法。

销售部的主管说："这个客户虽然是我们的，但已经是成交过的客户了，已经不属于我们的服务对象了，当然不是我们部门的责任了。"

教务部的主管说："苗总，你也知道，这个客户在咨询问题的时候，我们部门一直在外地出差，负责客户的回访，根本没有时间回应，而且这个客户直接找的销售部员工，但这个员工并没有回应他，虽然说我们也有责任，但我觉得主要责任应该由销售部门承担。"

……

【案例分析】

☆ 部门职责常见的问题

很多问题的出现其实是由于企业部门设置不当而引起的，比如部门产生职能交叉、职能重叠及职能错位等问题。还有很多企业在划分部门职责时，并没有思考和安排工作流程，也可能会导致一些问题，如职责空当、职能错位、职责重叠及工作流程不畅等诸多问题。上述案例中的销售部和教务部就有职责重叠的问题，实际上，苗总可以根据需要，对部门进行优化，避免出现职责空当、职责重叠的问题。如果部门之间出现了类似上述问题，不仅容易出现问题，而且追究责任时也很难确定究竟是哪一个部门的责任。

　　有些企业的发展战略会根据内、外部环境变化而发生一些变化，用以指导企业的发展方向和定位，明确业务部门以及职能部门的协调发展，实现企业的发展目标。有些企业为了应对这种变化，有时需要对原有部门职责做一些调整和优化，否则容易出现部门职责不清、工作不畅、协作不力等问题。

　　此外，还有很多企业对部门职责的描述和划分没有做到统一、规范，导致各部门的日常工作出现混乱。

【解决之道】

☆ 部门职责设置优化

　　在企业管理中，部门职责设置是一项非常重要的工作，其目的是通过确定企业中各部门职责范畴，对各部门工作进行统一规划和管控，从而可以有效地避免部门职责不明确、效率低下、做事推诿等问题。

　　部门职责的设计需要以企业的发展战略为导向，各部门之间进行有效沟通与协作，达到战略目标。此外，还需要注意的是，在部门职责优化的过程中，权力应当与责任相匹配，有步骤地、有重点地优化部门职责存在的问题。

　　第一步，确认企业发展的战略，在明确企业的发展方向的基础上，对各部门管理职能定位进行梳理，明确各层级、各个部门对职责设计的要求。

　　第二步，根据战略梳理和层级职能定位，并结合企业中各部门职责设计存在的问题和内部职能发挥问题，优化部门职责。对各部门应该发挥的作用进行明确，各部门的职能需要进行划清，并以此为基础对各部门的基本职能和核心职能进行确定。

　　第三步，利用平衡计分卡的思想制作标准化的部门职责说明书，为各个部门职责的发挥夯实基础。

　　优化部门职责的过程中，需要与各个部门人员不断地进行沟通，再根据实际的工作，通过标准化的模板形式，对各个部门职责的描述不断进行优化，从而形成各个部门的职责说明书。

☆ 岗位职责设置优化

　　前文介绍了部门职责优化，下面介绍一下岗位职责优化，因为这更有利于员工进行具体的工作。

　　优化岗位职责设置的时候，可以从三方面进行优化：

一是专业方面。通过分析流程流向，对流程各环节需要的活动或任务进行明确，界定如果要实现这些流程需要哪些专业领域以及工作内容，在此基础上才能对岗位进行设置。

二是工作层次方面。通过纵向分析完成流程活动或任务以及对这些活动或任务的组合，确定岗位的工作层次，按照不同层次工作所需的各种专业和能力，对不同层次的岗位进行设置。

三是工作量方面。对完成工作所需要的时间和精力进行分析，对合格员工的全日制工作时间进行参考，对岗位工作的饱和程度进行判断，进一步对岗位设置的必要性进行确定。

当部门职责明确之后以及部门岗位设置确认之后，在此基础上，可以进行职责匹配的工作，职责匹配对于岗位说明书的形成来说至关重要。岗位说明书有岗位绩效目标设定的基础、岗位价值评估的基础、绩效辅导的参照、招聘以及入职培训等作用。

进行岗位职责匹配的目的是更好地明确部门职责在部门内部各岗位的分配，对各项工作执行过程中各相关岗位之间的职责关系进行分析，从而使职责划分能够促进流程效率的提高，划清职责的边界，加强彼此的合作，减少出现误解、推诿等现象。

【案例启示】

很多企业都会出现职能交叉、职能重叠以及职能空缺等现象，一旦出现问题，就会出现部门与部门之间、员工与员工之间互相推诿扯皮的现象。因此，管理者为了有效地避免出现这种问题和现象，可以优化部门职能设置和岗位职能设置。通过对部门职能设置和岗位职能设置的优化，可以有效地促进工作的进行，也可以确定每一位员工的权与责，从而提高工作效率。

【案例6】
这个员工没完成任务，还怪起我来了

【案例现象】

宋总发现办公室的复印纸没有了，便让助理小胡说："小胡，你去楼下买点复印纸回来，办公室里没有了。"

小胡听完之后马上就到楼下去买了一张B5的复印纸。宋总看到B5的复印纸，勃然大怒，说："你怎么买了B5的复印纸，你不知道我要A4的，不是B5的吗？而且还就买了一张！重新下去买！"

小胡于是下楼买了A4的复印纸，共10包。宋总看到了这10包复印纸，不禁说道："你怎么买了这么多复印纸，什么时候才能用得完？"小胡没说什么，就走出了宋总的办公室。

小胡不服气地心里嘀咕：明明是宋总让买的A4的复印纸，他又没说买多少，还能怪我头上，明明这事就怪宋总。

【案例分析】

☆ 鼠爸爸和三个鼠儿子

墙角里有一个鼠洞，住着五只老鼠：鼠爸爸、鼠妈妈以及它们的三个儿子。有一天，鼠爸爸发现这家人的厨房里有一瓶油，便让三个儿子去偷油。

三只小老鼠便一起去偷油了。但是油瓶非常高，它们够不到。于是它们想到了叠罗汉的方法，打算让最上面的那只去装油。

第二只很快地就爬到了第一只的肩膀上，第三只刚刚爬到第二只的大腿，油瓶就突然倒了，这引起了这家主人的注意，于是三只小老鼠就只好打道回府了。

回到了老鼠窝，它们的爸爸就问它们为什么没有偷到油。

最上面的老鼠说："还不是下面的老鼠突然抖了一下，所以我才碰到了油瓶。"

中间的老鼠不乐意了，说："这哪能怪我，还不是下面的家伙也抖了，我才抖的。"

下面的老鼠接着说："我是听到了猫叫，所以才抖了一下。"

它们讨论了半天也并没有明确到底是谁的责任。最后三只小老鼠把矛头指向了鼠爸爸，认为当初鼠爸爸并没有告诉它们偷油的注意事项，否则也不会出现这类问题了。

最后鼠爸爸也接受了"处罚"，送给三只小老鼠一块奶酪。

实际上应该负最大责任的就是鼠爸爸，如果当初鼠爸爸明确三只小老鼠的职责并合理地分配它们的任务，就不会出现职责不清的情况了。比如，可以让一只小老鼠放哨、一只小老鼠扶梯子、一只小老鼠偷油。这样明确了岗职岗责，到时出现问题的时候，就可以一目了然了。

☆ 责任是双向的

实际上责任应该是具体化、明确化的。并且责任也应该是双向的，提出任务的管理者给出的指示应该是明确的以及具体的，接受任务的员工才能准确无误地完成工作。

【解决之道】

☆ 管理者给出的指示要明确

上述案例可能会有一些夸张，代表了很多类似的问题。从宋总的角度讲，他在安排这件事情时犯了一个错误，没有做到指示明确。假如他说，"小胡，办公室没有复印纸了，你去楼下买一包 A4 复印纸回来"，小胡也绝对知道买多大的纸，买多少纸，因此管理者明确责任很重要。

☆ 员工也需要对职责进行明确

事实上，小胡是完成领导交代任务的人，需要对领导的意图进行明确，才能很好地完成任务。小胡应该搞清楚宋总需要哪种型号的复印纸，需要多少。即使不方便问宋总，也可以发挥主观能动性，向其他同事进行咨询，办公室通常使用的复印纸是哪种型号的，用量多少比较恰当。

由此可见，无论是管理者还是员工，都应该做到在制定责任目标时做到双向的明确具体。

【案例启示】

管理者在给出任务的时候，应该给出明确的、具体的任务，让员工知道做什么、怎么做、做到什么程度等，这样才能有效地、快速地完成工作。当管理者给出的任务模糊、不具体、不明确时，也应该主动地搞清管理者的意图，因为知道做什么时，才能确保做的是有效的，不然徒劳无功，还可能耽误工作的进程，导致更大的问题。因此，责任也是双向的。管理者和员工都应该意识到这个问题。

【案例 7】
三个人，连办公室的卫生都搞不好

【案例现象】

陕西西安的蒋总跟笔者说了这样一件事，事情虽然小，但却让他感触颇深。

他旁边的财务办公室原本只有一个人，办公室的卫生一般都由这个人负责打扫。后来，办公室又新来了一位同事，俩人商量好了，轮流打扫卫生。这期间，两个人配合得很好，办公室每天都能保持干净、整洁。之后，财务办公室又招来一名员工，两位相对老的员工觉得应该由最后来的同事负责打扫卫生，因此他俩理所当然地没有打扫卫生。

可是第二天早上当所有人上班时却发现地上一片狼藉。原来，新来的大学生认为办公室的卫生已经有人负责了，只要做好自己本职的工作就可以了。但事实是当大家都认为别人会做，别人会承担某种责任的时候，恰恰没有人会去做，没有人去承担责任。

蒋总意识到打扫卫生其实只是小问题，但是如果遇到工作中的大问题，如果当时布置任务时没有做到分工明确的话，对整体工作的进程就会造成很大的影响。所以，管理者把一项任务交给某个团队去完成时，要指定责任人，这儿出了问题该找谁，那儿出了问题该找谁，然后直接与责任人交涉就可以了。

【案例分析】

☆ 责任分散效应，也是制度的缺陷

实际上这种情况不仅出现在工作中，在生活中也常常出现这样事情。为什么这种现象这么频繁地出现，因为责任存在分散效应。比如说，一个人一不小心落水了，假如这时岸上只有一个人的话，那么这个人会毫不犹豫地选择跳下去救人；但如果这时候岸上有很多的围观者，反而很可能会出现没有人下水救人的情况，这就是责任分散效应。什么是责任分散效应？就是说在只有一个人的情况下，救人责无旁贷，否则他将遭受良心的谴责，会有很大的负罪感；但如果围观者很多，往往是你看看我，我看看你，认为即使自己不下去，也会有其他的人下去救人，结果落水的人很可能就在旁观者推诿扯皮的过程中死去。这个时候，旁观者也不会有很强烈的负罪感，因为没有下去救人的不止自己一个。

对于团队合作来说，责任分散效应启示意义很大，假如管理者并没有为团队成员规定明确的、具体的责任，那么绝大部分的成员都会有"我不做，自然有人做"的心理和思想。这些人基本上只想成为团队中的"免费乘车者"，不做事却想着享受团队的荣誉，因而会出现在团队合作中相互推诿的现象，因此团队所取得的绩效与单个成员工作所取得的绩效的相加值相差甚多。

实际上，这不仅仅只是一种现象，或者说是责任分散效应，实质上这是一种制度的缺陷。为了规避这种现象，管理者在给团队成员分配具体的工作项目时，要合理地进行分工，将每个成员各自所需承担的责任都予以明确的告知，使其各司其职，承担起该负的责任，集结成合力以实现团队的绩效目标

【解决之道】

☆ 明确责任并设置监督机制

要避免出现上述案例中的现象，就需要明确每个员工的岗位责任。独立完成工作时，自己的责任自己承担，不管工作的量是多少都是自己干，所以员工没有推卸的对象和余地，只有踏踏实实地做好。如果是很多员工共同完成一件事，共同承担责任，于是每个人都希望自己承担的责任少一些，别人多承担一些责任，别人多做一点，那自己就可以少干一点。所以责任分散的实质是责任得不到落实。

尽管这个道理人尽皆知，但要真正做到泾渭分明、不重叠、不推诿、不扯皮却不是想象中的那么简单。所以，企业以及管理者需要制定完善的岗位说明书，将岗位职责、岗位流程以及责任目标等予以明确，并且制定相应的监督机制。

假如在公司的公共区域堆放着一堆垃圾，往往第一个发现这个问题的人是老板，因为只有老板把所有的事情都看成自己的事情，而所有的员工只是将所有的事情当成一项任务，因此对于所有的员工来说，最大的挑战是把公司里所有的事情都看成是自己的事情。

公司如果规定在办公区如果出现了堆放垃圾的现象，一经发现，就扣行政主管一定金额的罚款，那么你认为谁能第一个发现垃圾呢？答案可想而知，当然是行政主管。所以要让每一个员工都有责任心，企业的管理者就需要对岗位说明书进行完善，让每个员工都能清楚自己应该做什么、怎么做，出了问题谁负责、怎么负责。只有这样才能够做到事事有人管，人人都管事。

☆ **制定责任目标**

除了上述对机制进行完善之外，还需要制定责任目标。在制定责任目标时，需要遵循SMART原则。SMART原则是指责任目标应当是双向的，内容也是具体的、明确的；每个员工承担的责任是可检查的，并且有明确的监督人；责任目标是员工可以通过努力实现的，并不是空洞的；责任目标与岗位职责是息息相关的；责任目标是有明确的达成时间规定的，如图7-2所示。

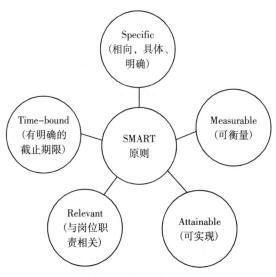

图7-2　制定责任目标的 SMART 原则

【案例启示】

管理者要意识到"一个和尚有水喝、两个和尚抬水喝、三个和尚没水喝"这个现象的严重性，明确每一个员工的目标和责任，并制定相关的监督机制。必须将每个人的责任都锁定，实现"人人头上有指标，件件工作有着落"。因为职责不清、分工不明的情况会随时出现。

【案例8】
爱人插手我的工作，真是没办法

【案例现象】

山东泰安的戚总最近和笔者诉苦，"最近公司安排一些员工到杭州出差，对一些老客户进行拜访，但他们回来后提交的材料显示他们并没有去杭州拜访客户，而是去了其他城市。我就对那几个员工说，'你们几个怎么回事啊？怎么没按照公司的要求做呢？谁让你们这么做的？你们还想不想在这公司干了？'员工们听了我的话，也怨声载道，异口同声说：'你让我们去杭州，云姐让我们去西安，我们也不知道到底该去哪儿。'你知道我当时有多生气吗，他们口中的云姐就是我媳妇。于是我立刻打电话给我爱人，告诉她以后不要参与公司的事，还跟她吵了一架！已经有好几天没和她说话了。为了这事她还找了双方父母批评我，认为我太过分了。爱人插手我的工作，这该怎么办呢？这个事闹到现在真不知道算家事还是公事？"

【案例分析】

☆ **公事和家事**

"打仗亲兄弟，上阵父子兵"似乎已经根深蒂固在某些人的思想中，很多人也总是喜欢把这句话挂在嘴边，他们认为在险象迭生的商业大潮中，最为靠得住的就是自己的亲戚朋友。但遗憾的是，往往某些人认为最为靠得住的这种管理方式反而使他们逐渐走向衰落甚至灭亡。这种思想在不断地传承，同时也见证着一批批企业走向倒闭。

或许有些人根本不屑这种看法，甚至有人觉得笔者言过其实、危言耸听，还有一些人会举某某大企业有亲属参与但却依旧稳速前行的例子。实际上这些例子只不过是很片面的看法。事实上，当行政权出现问题、危机的时候，任何关系包括父子、兄弟等亲戚关系都会变得很淡薄。

正如上述案例中所说的，戚总作为公司的领导，戚总的夫人云姐也具有领导权。这就会导致一些问题，毕竟天无二日，国无二主，一山还容不下二虎呢，所以当两人同时下达不同的命令时，为难的是基层员工，他们不知道到底该听谁的领导，受损的是公司利益。这种典型的"夫妻店"模式公司，存在非常严重的弊端，对于企业的发展非常不利。

其实关于家人参与对工作进行管理这件事，笔者的看法是：处理不好就是家事，处理好了就是公事！家事与公事之间有一个度的问题。

☆ 男女对问题的看法以及解决方式存在不同

实际上，在思维模式上，男女存在很大的不同，关于问题的看法、理解、认知、思考模式相差很多。比如面对一件市场调研这项工作，相比男性管理者，女性管理者的心思更为缜密一点，对于工作的要求层次也随之提升，一般会采取线上和线下并行的模式开展调研；而男性管理者更倾向于实体调查的方式。

☆ 组织架构分配不清晰

出现这种现象的原因就是权责不清晰，出现职能交叉、职能重叠等，造成两人都有权力共同处理一项工作，这就是组织架构分配不清晰。

笔者对戚总说："夫妻之间岗位职责最佳配置应该是你负责管理未来发展方向、管理产品选择、品类的选择、战略发展方向、投资问题等。你爱人负责管理的是人事权、财政权、行政等工作。比如你是董事长，你爱人是总经理，如果你不经意中看到了企业员工的偷懒现象，你不能去管理。但你可以在董事会提出来，让你爱人去处理这些问题。如果你强行参与，就会产生很多问题。在行政工作中你只有建议权，而你爱人有决策权。"戚总点了点头。

【解决之道】

☆ 统一指挥

现在很多企业是夫妻店，由夫妻二人白手起家，共同创造了今天的事业，但夫妻之间到底谁说了算是一个很重要的问题。经常出现的情况是，男老板已经将命令下达给了员工，但在实施的过程中，老板娘可能会持反对意见，直接让员工按照她的想法和方法执行。男老板发现这些员工并没有按照自己的命令做，而他们不执行自己命令的原因是由于自己的爱人改变了自己的命令，这样会激化双方矛盾。如果这种状况很频繁并且长期如此，团队里一直出现两种声音，不仅会对夫妻关系造成影响，团队员工的执行力也会下降，夹在夫妻之中的员工不知道到底该听谁的，企业的发展也会受到很大的阻碍。

☆ 夫妻双方分工与职责要明确

企业就如同巡航的舰艇，在这只舰艇上只能有一位船长，可能会有副船长，但副船长也要听从船长的安排。副船长可以提各种意见和建议，但船长拥有最终的决策权。

"夫妻店"最大的问题就在于，夫妻双方认为彼此已相处了很多年，在很多问题的看法上都会认同自己的想法。殊不知，这种想法简直就是滑天下之大稽，世界上没有两片一样的树叶，更何况人与人之间的思维呢？在企业中，权威只能属于一人，领导者的地位不容威胁。

管理者对夫妻双方的分工与职责必须要明确，这样才能避免在企业经营的过程中出现分歧，利于管理者下达的命令能够快速地得到贯彻执行。

☆ 共同学习

夫妻双方要懂得共同学习，学习新思想、新理念，企业在不断发展，夫妻双方也要不断学习，通过一起学习，不仅可以一起改变夫妻双方的思维模式，也可以将夫妻之间的感情升华。笔者建议戚总和他的爱人一起阅读一本书。笔者告诉他，你不是老是说你爱人插手你的管理吗，你可以用书中的知识对她进行说服！相对来说，书中的知识是体系化的，内容也是值得参考的，用书中的知识反驳她，这样她就没有辩驳的说辞了！

此外，夫妻二人一起看一本书，也可以促进夫妻双方的素养的提升，扩大知识阅读量！

【案例启示】

　　面对"夫妻店"模式弊端，管理者要想处理这种弊端，就必须 "权责明确"，不要夫妻二人都具有决策权，员工听谁的都可以，管理者要分开家事和公事。如果企业在发展中一直处于"不清不楚"的状态，对企业的业绩以及长久发展必然造成毁灭性的影响。管理者不仅要认识到"夫妻店"模式弊端的严重性，还要积极处理这种问题，才能推动企业不断发展。

第八章

团队新人招选育留

随着社会的发展、科技的进步，人才的竞争越来越成为企业关注的焦点。实际上企业的核心竞争力就是人才的竞争。企业需要高科技的产品，要满足客户日益增长的服务需求，就需要有人才作为支撑点。

但很多的企业老总对人才并不重视，也不重视企业的招聘，更别说对招来的员工进行系统的岗前培训，导致很多员工的潜能得不到开发。尽管也在公司工作，但却没能为企业创造更多、更大的价值。

很多企业追求企业的发展速度，但却忽视了人才的招聘和培养。很多企业老总对招聘人才存在种种误区，不清楚人才的竞争才是企业竞争的关键。当两家企业处于对峙时，直接影响企业的成败因素是企业中人才的多少与实力的强弱。那么，这个关键因素从何而来，主要是两方面：一是如何招聘；二是企业如何培养这些招进来的员工。

企业招聘人才就好像是一场战争，因为一家企业如果能招聘到很多的人才，则意味着这家企业拥有了更多的核心竞争力。所以，企业老总不要忽视招聘对于一家企业发展的重要性，更不要懈怠为企业招选育留新人的责任，认真对待和组织好每一次企业招聘及岗前培训，拥有更多的人才，才能在企业竞争中获得胜算。

【案例1】
招人难啊

【案例现象】

浙江杭州的周总向笔者说："公司销售部的人员流动太大了，一天能招进好几个，也能走好几个，不仅浪费了主管对这些新人的培训所花的时间和精力，更主要的是造成人心不稳。"笔者问周总："员工离职也是有理由的吧，这个你清楚吗？"周总说："这个我不用说，你也很清楚，大家都知道销售部员工的薪资要么很高，要么很低，为什么会有这么大的区别，主要是销售部全靠提成，底薪是很低的，出不了单，就只能拿个底薪，很多员工很难坚持下来，就离职了。"笔者就笑着不说话，周总继续说："怎么招人那么难，这些员工怎么坚持不下去呢，招人难，留人更难啊！，该怎么办啊？"笔者对周总说："实际上你说的这个问题，不止你一家公司是这样，很多企业都面临这个问题。这和整个的销售行业有关，但这个却不是他们离职的真正原因。就像你说的，底薪不高，只有开单才能有提成，如果都是这个原因，那么他离职岂不是也没有用吗，到了其他公司也是如此啊，你有没有想过究竟是为了什么。"

【案例分析】

☆ 底薪低，压力大

现在很多人尤其是年轻人都不愿意干销售，原因有以下几点：一是觉得干销售没面子；二是因为销售这个岗位的底薪太低，如果没有提成、没有业绩，那么工资很低，可能还不足以在大城市生活下去；三是压力大。这些原因可能造成一些人直接拒绝加入销售这个行业。

实际上来面试销售的人还是很多的，即使通过面试也不会来上班，或者是干了几天就走人的情况也不少，底薪低、压力大是销售行业的普遍现象，除了这个因素，管理者思考过还有其他的原因吗？

☆ 招聘方式过于单一

招聘方式有很多，很多企业可能只会选择两三种招聘方式，甚至是一种招聘方式，比如只在招聘网站上进行信息发布，等待求职者投递简历。实际上，公司如果只采取这种招聘方式的话，只能说公司获取求职者的信息渠道太少了，很难找到合适的人才。

☆ 并未向求职者传达企业文化

企业文化的内容在前文已经有介绍，在此就不再赘述了。实际上，管理者在进行招聘的过程中，无论是投放招聘信息还是在求职者进行面试的过程中都可以向求职者传达企业文化。

这个企业文化更多地指企业愿景和企业价值观两方面。

管理者可以向求职者介绍公司的概况以及求职者的发展空间，比如企业今后的发展目标、发展方向，求职者干得好的话，会有一个怎样的晋升空间，等等。为什么要向员工传达这样的信息？事实上，很多求职者在面对一份工作时，对他吸引力更大的是今后的发展，至于刚到公司的前几个月对薪资并不是特别在意。

此外，管理者有必要向员工传达企业的价值观，所谓道不同不相为谋，很多管理者往往忽视了这一点，只是一味地强调企业的作用，对于员工的价值观直接忽视。比如，很多管理者要求销售人员加班，不服从者可以走人。实际上，管理者这种强制性的要求会引起员工的反感情绪，甚至导致员工忍受不了而离职。价值观是什么？通俗来说是一个人看待事物的标准，对是非及对错判断的基本标准。对于企业来说，就是行为准则及商业底线，比如，是客户第一还是产品第一？强调创新还是强调踏实？如果费了很大精力才招进来的员工，对于企业的价值准则并不认同，那么他的行为将与管理者对他的期望值相背离，其行为结果也会与企业利益背道而驰。因此，企业在进行人员招聘时，需要强调价值观上的志同道合。

【解决之道】

☆ 意识到人才的重要性

管理者要意识到企业的增长速度等于人才成长的速度。不仅上市型大企业大公司如此，成长型中小企业也是如此。

"用工荒"、零售业扩张缺兵少将、电商行业难求一将……这些都是目前中国各企业存在的现状。企业人才储备不足，轻则会放慢企业的发展速度，重则会被企业的快速成长拖死。

如果你的企业出现"人才荒"的迹象，说明你的企业正在快速发展。然而，要保持企业稳定的增长速度，就必须有合适的人才保驾护航，否则，企业要取得多大的发展也只能是黄粱美梦一场空。从表面上看，我们的战略规划似乎丝毫没有破绽:市场、技术、产品都在掌握之中，但却忽视了人力资源，其实这和短木板的圆木桶没有什么区别，圆木桶能放多少水并不取决于桶壁上最高的那块木板，而取决于最短的那块木板。在企业追求发展的过程中，人力资源的缺失是潜在的杀手。没有人才去执行，一切都只是空谈而已。

当然，强调人才的重要性，并不单单指人才的数量，更强调人才的质量。如果企业员工的数量很多，但一部分员工只是用来填塞工作岗位的人，并不是为企业发展负责任的人，那么企业要想取得发展将举步维艰。

☆ **扩大招聘渠道**

从古代的媒妁之言到后来的自由恋爱，再到现在各种相亲电视节目，虽然目的不变，但找对象的形式随着时代的演进而改变。企业寻找人才也是同样通理，目的不变，但提高其科学性和系统性是老板更重视的问题，也只有系统化的招聘才能帮助企业招到更多优质的人才，可以为人才提供更大、更好的发展空间。

招聘渠道其实有很多种，既可以进行内部招聘，也可以进行外部招聘。

什么是内部招聘呢? 是指在企业内部人员中获取企业新需要的各种人才。其实每一家企业本身都是人才的聚集地，或许是工作的原因，或许是岗位的原因，很多人才的优点未能全部体现出来，所以内部获取的重要方式是内部招聘。企业中的有些岗位，特别是一些非常重要的管理岗位，通常是由管理层根据考核结果最终确定人选，甚至有时候会直接任命。另外，有些人也常常通过非正式系统成为空缺职位的候选人，如上司以及同事的口头要求等。

外部招聘人员的渠道很多，比如熟人推荐的、自己找上门的、职业介绍机构介绍的、合同机构和学校推荐的、各大网站招聘，等等，他们可能是学校的应届毕业生、其他组织的员工，也可能是失业人员。

企业进行外部招聘时常用的方式有以下几种。

(1) 网站招聘。目前，通过网站进行招聘是各大企业比较常用的一种招聘方式。这些网站包括智联招聘、前程无忧，等等。面试者将个人的简历投放在网站上，企业面试官通过在网站上直接进行简历的筛选，如果有符合此岗位要求的可以继续面谈。

（2）发布广告。可以在报纸、电视等媒体上投放广告，广告内容包括职位、职位要求、薪资等。招聘广告的设计要满足以下要求:具有吸引力；能够激发求职者的兴趣；能够激发求职者的欲望；能够促使求职者行动；等等。

（3）现场招聘。现场招聘是由企业的招聘人员到招聘对象聚集的场所进行人员直接招聘，这些场所包括学校、人才交流会等。

（4）招聘APP进行招聘。通过手机端的招聘APP，面试官和面试者可以直接对话，不仅可以发文字消息，也可以发语音消息。通过这种聊天，面试官对求职者有直观的了解，这样可以直接淘汰不符合要求的求职者，也可以直接约符合要求的求职者进行面试。这种招聘方式非常便捷，是当下非常流行的招聘方式。这种手机端招聘APP包括拉勾网APP、BOSS直聘、脉脉APP，等等。

☆ **管理者别让框架束缚了**

实际上很多人都受一些思维和固定模式所束缚，比如：一些大学生找工作时，要找本专业的工作，认为在其他专业工作，自己专业知识就白学了；一些管理者在收到求职者关于人事求职者的求职信时，打开一看，有两年的美工经验，并没干过人事工作，就直接PASS了；等等。这都是用框架囚禁了自己。

实际上只要是人才，只要能对事业起积极的推动作用，管理者就应将他招揽入自己的大营。管理者要做到不计前嫌、不问出身，还要做到真诚待人。

英雄不问出身。在历史的长河中，很多英雄豪杰来自民间。受过"胯下之辱"的韩信，作为刘邦重臣，曾建议刘邦"反其道而行之，争夺关中之地不难，进而夺取天下也不难"，为刘邦后来夺取天下做出了巨大的贡献。韩信也并非出身什么豪门大户，也无高贵身份。

【案例启示】

人才对于企业的发展至关重要，管理者必须做好人才这方面的工作，不仅要通过多种方式招到人才，并且要通过一定的方式留住人才，使其和企业相互促进发展。只有确保公司能够不断地补充人才，才能保持企业的长久活力，企业才能不断地取得进步和发展。实际上，人才一直都是难得的，刘备三顾茅庐才得诸葛亮，在当今社会人才不足的情况下更是如此。只有管理者得到人才、爱惜人才、真诚对待人才，才能聚集起一支人才队伍。

【案例2】
留人比招人更难啊

【案例现象】

福建福州的高总抱怨说："现在招人难，留人更难，要么几天就走，要么刚过实习期就走。"高总最近花费了大量的人力物力通过几种招聘渠道招到了一批高素质人才，想着这下队伍扩充了，业绩也是指日可待的事情了。没想到隔三岔五地离职，这批人在实习期结束只剩下三五个人，并且没过几天，又有人要离职，最后只留下了一个人。这让高总很是头疼，花费了大量的时间和精力招人，对这些新员工做了培训，结果还是没有留住人。又要花费很多的时间和精力用来招人，要做培训，要开始新一轮，真怕结果又是这样。

【案例分析】

☆ 和面试的时候言行不一

在案例中，我们知道了招人难的问题，但更让管理者头疼的事情是留人更难。通过面试，公司花费了很大的精力培养，结果离职了，这让管理者所花费的时间和精力全部付诸东流。

很多人都有这样的经历：入职一段时间后，要么工作量和面试时说得不太一样，要么是等工作一段时间后，发工资时，发现薪资和之前面试时不一样，这导致了员工有一种被欺骗的感觉。给员工的印象是公司言行不一，还怎么为之奋斗啊。

☆ 分析员工离职的原因

实际上，如果一位员工通过了面试并来到公司，那么公司肯定有吸引他的地方。所谓无缘无故是不可能的，离职肯定存在一定的原因。管理者要反思这个问题，要对为什么留不住员工进行反思，而不是机械地进行招聘和培训，要采取科学的管理手段来解决企业发展过程中人才流动性大、供需不平衡的问题。

实际上，引起员工离职的因素很多，比如制度。招进来的员工进入公司一段时间后，发现公司是家族企业，经理是董事长的老婆，财务主管是董事长的儿子，行政主管是董事长的侄子，等等，让员工看不到自己的未来，换句话说看不到晋升的空间，再发展也发展不到管理层，也导致了员工离职。

其实，管理者要找出造成员工离职的原因，然后采取措施，降低员工的离职率。

【解决之道】

☆ 正确看待员工离职这个问题

很多管理者会有这样的困惑，花了很多的时间和精力来招聘、培训一些新员工，但他们可能实习期不过就选择离职了，甚至还跑到竞争对手那里，耗费了大量的时间、物力、财力等。如果这样，还不如不招人呢！

实际上，无论哪个管理者遇到这样的事都会伤心、难过，但管理者也要意识到这是正常现象，基本上每家公司多多少少都会遇到这样的问题。

这个现象如同生活中的很多现象，每天都会出现这样的、那样的意外事故，难道我们就不出门了吗？难道我们因为做了不一定会成功就选择不做吗？一样的，我们不能因为人才流失，就不再招聘和培养人才吗？实际上，企业招聘、培养人才是非常值得的，即使最后只留下了一个人，那么这个人为企业创造的价值也是不可估量的。所以，管理者要正确看待员工离职，即人才流失问题。

☆ 建立科学的制度

实际上，在很多问题都涉及企业制度问题。前文着重介绍了企业制度。很多企业老总在判定制度时，只想着如何限制员工，通过一些强制性的措施约束员工，让员工进行工作。实际上，好的制度应该是激励员工更有热情、更积极地进行工作，要以员工的利益为基础。

管理者在制定规章制度时要结合公司的实际情况，保证制度的可行性，制定人性化的管理制度。

对于业务加班，似乎都认为是理所当然的，不加班似乎对于业务员来说是不正常的。所以，有些管理者就有这样的管理原则：能加班就干，不能加班就走人。实际上，对于有些员工来说，强制性加班没有任何的作用，反而会抑制其工作积极性。比如，有的员工每天都能在规定的工作时间完成业绩任务，但公司每天都要加班到固定时间，让这位员工无法接受，于是选择了离职。

☆ **以软实力来吸引和留住员工**

前文介绍过阿里巴巴的企业文化，为什么阿里巴巴的团队是挖都挖不走的。实际上制度很重要，更重要的是人。在这个团队中有着怎么样的工作氛围、管理者如何对待不同特点的员工等，都会让员工有不同的感受，如果说职位和薪资是硬条件的话，那么这些就是软条件，管理者要做的是如何让员工在硬条件都差不多的情况下，以软条件吸引和留住人才。

很多企业或者个人，在对待身边新来的员工时，想的并不是如何帮助他，让他更快地进入工作、更顺手，而是想着把一些任务重的、难处理的事情丢给他，让新员工刚入职就感到非常棘手，不知从何下手。

☆ **新老员工不应区别对待**

实际上，有很多管理者在处理这个问题时，并不能保证制度的公平性，不能做到只对事不对人，因此很多新人会感到不公平，自然不会在公司发展。

实际上，管理者的这种行为不利于企业的发展，不仅会降低管理者的公信力，员工对管理者和企业也会失去信心。管理者必须严格按照制度办事、管人，坚持公平、公正、公开的原则，不能对新老员工采取差别对待的态度。

【案例启示】

管理者要想留住人，必须要将企业的"硬条件""软条件"结合起来，并且做到对事不对人，这样才能激发员工的工作热情和工作积极性，使其更好地为企业服务，从而与企业共赢。

【案例3】
你敢招这样的能力者吗

【案例现象】

深圳的夏总说了他的一次经历，让笔者觉得虽然某员工能力很强，但是其却不值得被招进公司。夏总的经历是这样的。

一个应聘者跟夏总说："夏总，我之前在××公司工作，也是同行企业。夏总，如果我进入了咱们公司，我将会给公司带来1000多万元的业绩。"

1000万元，并不是一个小数字。夏总就问他："你这1000多万元是怎么来的呢？"

他说："这些都是我的老客户，由于我长期服务这些客户，他们下一步要做这些广告业务，这些业务我很有把握带过来。"

这句话让夏总警觉了。

"你能有把握把这些客户带过来么？"夏总就问他："客户是跟你合作还是跟公司合作？"

他回答说："他们和公司合作，但这些客户只认我，对于公司他们是不会认的。"

夏总接着问："为什么只认你不认公司呢？"

他答道："因为一开始就是我在服务他们，所有的一切都是我在服务他们，包括沟通、对接，等等。公司里基本上没有其他员工和他们合作，也没有人知道他们，甚至对他们没什么了解。客户对公司实际上也并没有什么依赖，他们基本上都是听我的。"

夏总问他："你从什么时候考虑过客户会跟着你？"

他说："很长一段时间了吧。"

夏总马上意识到：这个人处心积虑如此长时间。这种人是十分危险的，如果他今天来到这里说"我可以带来1000多万元的业绩"。为了企业的发展，为了业务，为了订单，当然觉得这是一件求之不得的好事。但有没有想过可能过了一段时间，他又跑到另外一家公司，可能告诉人家："我可以给你带来2000万元的业务。"这是不是引狼入室呢？这是不是养虎为患呢？因为这个1000万元从哪里来的？是从原公司里来的，他不可能独自产生业务。

其实，夏总的经历很多人都遇到过，也是一个比较普遍的现象，但当你遇到这种情况时，你会用这个人吗？

【案例分析】

☆ 道德素养比能力更重要

对一个管理者来讲，首要考察的是人才的道德素养。如果一个人尽管很符合职位要求，并且工作能力很强，但道德素养很差，是不能招进企业的。这样的人，不仅自己道德素养低下，还可能会带坏其他员工，从而成为公司的一颗毒瘤，这样弊大于利。

其实，引狼入室，养虎为患，招来的如果是为了达到一己私欲而不择手段的人，当他转过头来一剑封喉时，指向的一定是你。

在我们选拔员工的时候，应该考虑到员工的道德准则。

☆ 管仲识人

在历史的长河中其实有很多识人用人的例子，比如诸葛亮识人、曹操用司马懿等，下面简单说一下齐桓公和管仲的识人用人。

早年齐桓公对管仲很是重用，也取得了很大的成就，被誉为春秋五霸之首。然而，当齐桓公晚年时，由于宠信三个佞臣，祸起萧墙。

这三个人分别是易牙、竖刁和开方。

有一天，齐桓公说："天下的山珍海味应有尽有，可以说全都尝遍了，唯有人肉没有吃过，不知道味道怎么样。"为了拍齐桓公的马屁，讨好他，易牙制作了一道菜献给了齐桓公。齐桓公尝了之后，对这道菜是大加赞赏，就询问是什么菜。易牙说这是自己儿子的肉，齐桓公听了内心很不是滋味，也很不舒服，但易牙能把自己的儿子杀了献给自己，那忠心是不用说的。齐桓公很感动，自此重用易牙。

开方原来是卫国的公子，但不顾自己的家国，千里迢迢地来侍奉齐桓公。开方的这一行为让齐桓公很感动，因此重用开方。

竖刁出身贫苦，为了改变命运，便阉割了自己侍奉齐桓公。齐桓公因此宠信竖刁。

管仲在病重的时候，齐桓公前去探望，并对相位的后继人选对管仲进行询问，当然涉及易牙等三人。管仲评价这三人说道："易牙连自己的儿子都能杀掉，那是他的亲生骨肉，他都可以杀，可以说是人性全无，这完全背离了人类最基本的道德原则；开方不仅舍弃了做一国太子的机会，去国离家15年，甚至连自己的父亲去世了都不奔丧，这样无情无义的人，千万不能留用；竖刁连自己的身体都不爱惜，是违反人情的，这样的人又怎么能真心忠于您呢？请国君务必远离这三个人，不然国家必乱。"

齐桓公听了管仲的话，驱逐了这三个人，自此夜不能寐、食不知味，但没过多久又将他们召回来，并委以重任。

齐桓公在位四十三年时，易牙、竖刁以及开方勾结几个公子，内斗争位。在齐桓公病重昏迷之际，不仅带人将齐桓公的寝宫封堵了，还断绝了食粮，宫里除了饥肠辘辘的齐桓公躺在床上奄奄一息，其他人都跑光了。

有个妇人从洞里爬进宫来，齐桓公就问她要东西吃，妇人在宫里连滴水都没找到。齐桓公就问道："为什么连一点儿吃的都没有了？"妇人回答道："易牙等人作乱，不仅将宫门封堵了，还筑起了高墙，道路已经好几天不通了，人都不能进来，还怎么会有吃的呢？"

齐桓公听了，惊呆了，过了很久才自言自语说："还是管仲慧眼识人，有远见，他在下面如果知道了这件事，我哪还有脸面去见他？"齐桓公泪如雨下，后悔自己当初不听管仲的话，轻信了三个道德败坏的奸臣，最终落到这个下场。

齐桓公病痛缠身，再加上痛心疾首，很多天没有吃东西，用衣服盖住头，哭了一阵子，就在齐宫里死了。易牙等人早已不见踪影，正忙着争权夺利。直到死后的第67天，齐桓公腐尸上的蛆爬出宫外才被人发现。

【解决之道】

☆ 面试官在面试时应把好关

面试官对求职者进行面试时，不仅需要询问求职者关于岗位的能力等相关技能，更应该细心观察，通过求职者的言行举止等对求职者有更深入的了解和认识。对他的起心动念等进行辨别，选择真正符合企业要求的员工进入公司。

所谓言为心声，通过一个人的言语谈吐，可以判断出这个人的心胸宽窄、志向大小。通过深入交谈，可以了解求职者的心志，观察其是否在讲官话、假话、大话。

☆ 马云谈"天下没有人能挖走我的团队"

在中国不缺少做创投的人，也不缺少创业的思想。阿里巴巴对自己的团队十分自豪。马云曾说："我最骄傲的是我们的人，其次是我们的投资者，最不骄傲的是我们的网站。"

创业的最初几年，很少有员工提出要跳槽去其他公司发展，尽管有公司愿意出 3 倍的工资挖墙脚，但阿里巴巴的员工不为所动。马云风趣地说："同志们，3 倍我看就算了，如果 5 倍还可以考虑一下。"

"天下没有人能挖走我的团队。"正是基于阿里巴巴牢不可破的企业文化，马云说："整个文化形成这样的时候，人就很难被挖走了。这就像在一个空气很新鲜的土地上生存的人，你突然把他放在一个污浊的空气里面，工资再高，他过两天还会跑回来。"

尽管在阿里巴巴换岗换位犹如走马灯，变换频繁，但阿里人都会以大局为重。这些人的行为若没有团队文化的支撑是做不到的。

阿里巴巴公司里的每一位销售人员都是从零开始做起。筚路蓝缕，艰苦卓绝，勤勤恳恳，多少屈辱，多少努力，多少心血，花费时间和精力熟悉了一切，工作上手了，客户有了，人脉有了，资源有了，队伍有了，但很快将你调到一个新区域，一块没有开垦过的处女地，一切又要从头开始，有的举家迁移，有的撇家舍业，但他们毫无怨言，这就是团队文化的力量。

☆ 让企业文化贯穿到每一个员工

实际上，对于案例中所出现的应聘者，这类人是应该拒绝在企业大门之外，但如果这样的人进入企业内，难免会鼓动其他的员工，动摇其他员工的心。实际上，如果一个企业的企业文化没有贯穿到每名员工身上，让每名员工自愿与企业共进退，那么这个员工到时带走的不仅是公司的客户资源，还有可能带走公司的人力资源，后者比前者对企业造成的伤害更为严重。

此外，企业也应对员工进行一些道德教育培训，打造一支高素质的团队。

【案例启示】

企业在进行人员招聘时要慎重选择求职者，在面试的过程中对求职者做到一些基本了解。人才被形象地分为了四个等级：骑马、牵牛、赶猪和打狗。实际上，形象地代表了不同类型的人才：马代表了既有能力又听话的人，这种人才最受企业喜爱；牛虽然不像马日行千里，但任劳任怨，也是企业需要的人才；猪不仅能力低下，并且好吃懒做，一单企业发现就要及时将其赶出企业；狗有看家的本领，但相对牛和马，脾气暴躁，需要企业积极地对其进行改造。面试官在进行面试的时候应该辨别出不同的人才类型，如果发现这个人虽然能力很高，但道德素质低下，也绝不能让其进入企业。此外，企业管理者还需积极地对员工进行企业文化以及道德素养培训，塑造一支高素质的队伍，使企业取得更好的发展。

【案例4】
如果发展不好，公司也希望你能回来

【案例现象】

小林最近很烦恼，原因是到了新公司后，并不是自己想象的样子，连薪资都比当初谈的时候少，这让他很不能接受。本来跳槽是为了能有更好的发展，结果还不如以前。以前的公司还不错，臧总对他也很重用，在他递交辞呈后，找了他好几次，目的是挽留他。尽管小林决心要走，臧总还是对他说："到了新公司发展不好的话，公司还是欢迎你的，希望你能回来。"

实际上，小林也想到了臧总的话，除了碍于面子，比如公司的人会不会嘲笑他吃回头草，还有一些原因让他犹豫是否重新回臧总的公司，比如，臧总还会重用我吗？会不会因此怀疑我而不再信任我？最主要的是，我开了这个口，臧总就像他说的一定会重新让我进公司吗？

如果你是臧总，你会如何来处理这个事情呢？对小林会采取怎样的选用呢？

【案例分析】

☆ 公司永远欢迎你

事实上，很多员工在向上司提出离职后，上司一般都会挽留，当然除了那些有特殊情况的，比如家里出了急事需要长时间处理。此外，很多管理者也是希望离开的员工能够重新回到公司的，除了那些由于一己私利出卖公司利益的。因为这说明公司还是有明显优势的，比其他公司更有竞争力。

但也有一些管理者的想法并非如此，比如"你都离开了公司，就是叛徒""你已经不是我们公司的人了""你还好意思回来啊"，实际上这样的管理者，只能说心胸太狭隘了。俗话说，买卖不成仁义在，如果仅仅因为员工离开了公司，就对他另眼相看，甚至老死不相往来，只能说这样的管理者是赢不了人心的。

☆ 员工离职的原因究竟是什么

其实员工离职的原因有很多，比如员工家里有急事，需要长时间处理。此外，还有很多因素导致一些员工提出离职。下面对这些因素进行简单的介绍。

（1）离职是为了更好的发展。大多数员工的离职原因是为了能够取得更好的发展。如果有更好的公司、更好的发展机会向你的员工伸出了橄榄枝，那么你的员工提出离职也是可以理解的，毕竟人往高处走，水往低处流，管理者也要理解，不能强求。

（2）受到上司的不公平待遇。很多企业和团队的人际关系非常复杂，有些员工可能受到上司的不公平对待，不仅让员工感到工作不顺心，甚至让员工看不到发展的空间，于是可能会离职。

（3）企业文化氛围不好。实际上，好的企业文化能够让员工自由地发展，让员工投入更多的热情，更加积极地工作。但如果一个企业的文化氛围不好，不仅会抑制员工的工作积极性，反而还要花很多时间和精力处理其他事情，对工作没有任何的帮助反而有弊，这也会造成一个员工离职。

（4）企业的愿景不明晰。很多员工在公司工作了很长一段时间后，公司并没有打造很明确清晰的发展愿景，后果是员工看不到希望，对晋升的方向看不到，则失去了工作的一个目标和动力，也会导致员工提出离职。

（5）对自身工作的发展并没有规划和方向。很多员工，特别是一些刚入职场的新人，对自己今后的发展方向并不明确，处于一种比较迷茫的状态，因此也会提出离职。笔者曾经遇到一位中层管理者说起他进入职场的经历。他在一家投资公司上班，工作岗位是属于后台管理，他看到公司的很多销售员，尽管年龄很小，但每个月的薪资好几万元，有的是十几、二十万元，年薪百万元的也有，因为那两年这个行业非常景气。他看到别人拿那么多钱，眼红了，也想试试。但觉得如果干得不好，会不会招来原岗位同事的笑话，会不会回不到原岗位，因此提出了离职，进入其他投资公司的销售岗位。

事实上，影响员工提出离职的因素有很多，在此不再一一列举，而管理者需要做的是对这些因素进行分析，降低员工的离职率。

【解决之道】

☆ 敞开公司的大门

好的管理者在发现挽留不住员工时，会提出如果发展得不好，公司还是希望你能回来的。如果一名员工表明他愿意重新回到公司，不仅说明公司有优势，还说明了这名员工对公司的肯定。如果这名员工进入了公司，基本上会抱着感恩的态度，感谢公司再一次接纳他，对待管理者也会心怀感恩，对企业也会比之前更加忠心耿耿。管理者何乐而不为呢？

☆ 提高回头员工的待遇

事实上，尽管一些员工离职了一段时间后，再回到这个公司岗位，但他还会比一些新人更加熟悉业务和熟悉岗位工作内容及职责，因此管理者需要提高他的待遇，比如给他更高的薪资、晋升他的职位，因为这些做法可以激励他更加积极地工作，为公司获取更大的利益。一位肯回头的员工，在重新选择这个公司的时候，也是经历过很大的心理斗争才做出决定的，他肯定会抱着更加积极的态度和激情进入工作。

此外，管理者的这一做法，也有助于企业形象和管理者形象的树立，不仅能很好地笼络人心，还能有助于招贤纳士，让公司拥有更多的人才。

【案例启示】

当一些员工在新公司新岗位遇到一些困难，或者发现并不像当初想象的那样时，就会对之前的公司和岗位再次心动，可能会选择重新回到之前的公司。管理者这时应该怀有一颗宽容之心，敞开公司的大门，欢迎他回来。

管理者需要反思的一个问题是员工离职的原因是什么，虽然说影响员工离职的因素很多，但总有一些主要因素，这些主要因素是员工自身的原因还是公司的原因。如果是公司的原因，则需要管理者进行反思，并采取措施，降低员工的离职率。

此外，还有一点需要管理者注意，那些道德败坏的、损害过公司利益的员工，不能让他再次进入公司。

【案例5】
当初让他当管理者真是瞎了眼

【案例现象】

江苏苏州的王总说："当初让他当管理者真是瞎了眼，识人不准啊！"王总是白手起家的，公司是一个人拼出来的，现在他回想起自己年轻的时候，还会感慨太辛苦了。这几年，王总的生意做大做强了，处于事业的上升期。公司的规模越来越大，员工也越来越多，管理层的人缺乏了，发展一批管理层的人是公司发展过程中顺其自然的事情。

其中一名员工性格内向，做事也比较毛躁，经常不是这出错就是那犯错，但态度还是值得肯定的。王总认为，虽然这个年轻人有一些缺点，比如性格内向，但也有很多优点，比如思维敏捷、上进、能吃苦，王总认为他是个可塑之才。于是王总对于这个年轻人很是用心地培养。工作之余，王总对他也是关爱有加，有时还会邀请他到家中做客。

事实表明他确实是块可塑之才，很快就能够独当一面了。于是王总就升了他的职，让他进入了中层管理层。然而结果并没有像王总想象的那样发展，该员工不仅与下属产生了很多矛盾，甚至直接有两个核心员工离职了，王总出面也没能留住他们。同时，还与其他部门的人也发生了很多不愉快。王总很生气也很心痛，感慨道："我手把手地带他，让他能够独当一面，让他做到了管理层，想让他能够跟我一起将公司发展壮大，可他搞得一团糟，乌烟瘴气，我真是瞎了眼。"

【案例分析】

☆ 中层管理者需要具备的能力

实际上很多管理者有这样的感受，比如"我把他提拔到了中层管理者的位置上，但他怎么越来越无能""公司在不断发展，他怎么还在退步，不进步就算了，反而在倒退""把他升到了管理层后，变得有点神经质了"，实际上类似这种情况的出现，都说明了一个问题——晋升后的这些中层管理者并没有做好准备工作，还没有完全具备中层管理者的能力。

中层管理者在一个企业中占据的地位很特殊。中层管理者连接着高级决策层和下级执行层，其作用就好比桥梁和纽带。中层管理者的信息对公司的决策有直接影响，中层管理者的态度以及积极性对员工的态度和积极性也有直接的影响。

中层管理者实际上是在一个安全的位置上，但这个位置没有很大的自由，所以，这要求高级主管要有战胜不安的气魄以及打破困境的洞察力。

中层管理者连着高级决策层以及下级执行层，所以中层管理人员要具备良好的人际关系，还需要具有发挥实力的韧性意愿。

实际上，每一层的员工都会有各自的压力，并且随着职位的上升，这种工作压力也在不断增加，所以中层管理人员还要具备调节压力的能力。

实际上，中层管理者需要具备的能力还有很多，这里就不再一一列举了，如果没有能力胜任这一职位的话，自然会出现很多困难，出现很多状况。

☆ **员工是否具备这样的能力**

实际上，很多人都会有这样的意识：我好好教，他好好学，一定不会差的，但这也并非是绝对的。

事实上，工作中每位员工的能力特点是不同的。比如，有的员工文笔流畅，善于书面写作；有的员工口齿伶俐，善于语言表达；有的员工思维非常缜密，小小的错误都能被他发现。如果我们能够根据员工的特长安排工作岗位，则能提高工作效率。能力只有与人的活动联系在一起时，才会表现出来。

影响一个人能力的因素有很多，比如生理因素、环境因素、活动因素以及性格因素。生理因素是能力形成的生理基础；家庭、学校和社会历史条件等都属于环境因素；活动因素与能力的发展息息相关，实践活动参加得越多，能力发展得越快；性格和能力是相互影响、相互作用的，性格可以发展某项能力，也可以阻碍某项能力的发展。

管理者能根据员工的个人特点，培养员工，让员工发展能力，但不能拿员工的短处作为培养重点。

【解决之道】

☆ **要做到用人不疑、疑人不用**

很多管理者存在"用人必疑"的现象。管理者下达工作任务之后，虽然名义上是放手了，让员工去做。实际上，很多管理者总担心员工做得不够，便时不时询问员工工作进展状况。这一定程度上会给员工造成管理者不信任员工的感觉，极大地打击了员工的工作积极性。

另外，员工既要努力工作，还要应对老板的询问，这增加了员工的工作量，导致员工工作效率下降，影响员工发挥自己的工作效能。既然你安排任务给员工了，适当的询问是应该的，但不能过于插手。

事实上，有的管理者在放权给员工后，员工稍微出了点错误，就立即将这个工作任务收回来，这种做法也会极大地伤害员工，让员工感觉不信任他。实际上，管理者可以给予一些帮助或者给出一些可行性策略，但主要的还是由员工自己解决，这才是真正的信任。

☆ 多角度识人用人

实际上，人是极其复杂的，也是不完美的，也是各不相同的，所以管理者要意识到"世界上没有相同的两片树叶"，每个事物都有自己的特点。实际上每一个员工也都有特点和能力，比如有的员工沟通能力特别强，非常善于与客户打交道；有的员工对数据敏感，善于对数据进行分析，等等。管理者应根据员工的具体情况，采用恰当的、科学的方式方法，促进员工潜在动力的激发，让员工能够更好地为企业服务，从而促使企业获得更好的发展。

管理者也应该明白，能够取得现在的成就，工作能力强只是其中一个很重要的因素，此外，你具有其他人不具备的优秀品质肯定也是重要原因。所以管理者要善于发现员工身上的闪光点，而不是单纯地以业绩衡量一个人的工作能力。管理者要学会从多个角度发现人才，发现每个员工身上的闪光点，这样才能做到科学地用人。

【案例启示】

实际上，很多管理者都会遇到上述案例中的情形，从而产生一些后悔之意。事实上，管理者会偏爱一些员工，不顾其他反对意见而培养该员工，但管理者也应该意识到每个人都是有一定特点的，每一个岗位都是需要一定能力的，这个能力有可能是后天培养不出来的，所以管理者要多角度地识人用人，并且做到疑人不用、用人不疑。

【案例6】
怎么招来一个"搅屎棍"

【案例现象】

浙江嘉兴的马总说他公司前些天招来几位新同事，其中一位叫小时的总是生事。他对马总当众表扬和他一起入职的小陆一事颇感不满，他认为自己比小陆对工作更投入，贡献更多。其实马总心里跟明镜似的：他对部门根本没什么贡献可言，并且适应工作花费的时间比其他人要长。马总请小时列举自己做出的贡献事例，小时支支吾吾、顾左右而言他。

一波未平，一波又起。马总私下了解到一件事，小时非常不满意他的处理方式，由于小时和小陆私下关系非常不错，小时就挑拨小陆，诱使小陆一同反抗他。马总了解这件事情后，对小时越来越失望，同时也认识到小时就是一根"搅屎棍"。

马总和笔者说的时候，比较烦恼，不知道现在如何处理这件事情。笔者就和他说："其实这时候，你最应该做的就是以不变应万变，静观其变。"马总问："为什么？"笔者说："因为，在这个时候，小陆也许已经附和小时了，也许对小时置之不理，如果你找小陆谈，气氛一定尴尬，而且有些话并不好问。要把小时叫来谈，小时则可能完全矢口否认。"

其实，这件事只是有些苗头，马总不能轻举妄动，不能问小时关于挑拨离间的事，也不能和小陆谈小时挑拨离间的事情。马总应该等小时露出真面目，然后抓住证据，清除掉。

【案例分析】

☆ "搅屎棍"类型的人的特点

"搅屎棍"型的人为了达到目的大多采取的手段是告密。他们通过这种方式让其他人觉得他们是"朋友""知己"，然后利用这种"特别亲近的关系"以及人

207

们之间已经产生的摩擦和矛盾达到"搅屎棍"的目的。被离间者的利益是绝对要受损的，因为离间者只是会让被离间者在表面上知情，实际上并不会让他们知根知底。因此，与"搅屎棍"类型的人实际交往中所形成的各种关系都是为了达到离间的载体和基础。"搅屎棍"的人为了达到离间的目的，就必须获得被离间人的信任，发生一定的关系。如果没有发生这些关系，没有获得被离间者的信任，再高明的"搅屎棍"也达不到目的。

因此，在工作中，一旦有人突然特意地接近你，那么你就要当心了，也许他正在打算在你身上实施他的离间术呢。

另外，还需要知道的是，"搅屎棍"型的人花费大量时间和精力挑拨人，制造一些事端，是由于"搅屎棍"型的基本上都会有自己不可告人的事情在里面。如果与他们没有任何的利益关系，他们绝对不会花那么多时间和精力。因此，如果你身边的某个人告诉你谁在背后说你的坏话，那么你要静下心来，仔细分析引发冲突的制造者的利益得失，这样做的好处是可以使你认清"搅屎棍"者的真正面目。

【解决之道】

☆ "搅屎棍"只是挑拨离间型的一种

"挑拨离间"型的员工经常人、事不分，因此，在对这些人进行批评时，一定要注意准确性。

其实无论任何人，只要受批评，都会产生一些抵触和逆反心理，因此管理者要把握批评的度，根据每个人的心理特征，采用不同的方法。最好的批评其实是点到为止、适可而行。管理者不要在会议等公开场合上，对员工劈头盖脸地进行猛烈的批评，使被批评的人在众人面前丢尽脸面，抬不起头，这会严重损伤员工的自尊心。

另外，在对员工进行批评时还要注意，就是无论批评时间长短都必须始终围绕一个主题，不能没有重点，将这个员工身上的缺点全部都说一通。即使这个错误和过去的错误一样，也不要把它们生硬地联系起来，因为那样会使人不清楚你到底批评的是哪个错误。在进行批评时，一定要实事求是，既不能夸大，也不要缩小，特别是在斟词酌句时，绝不要采用"怎么老是""一直"等极端绝对的字眼，也不要使用那种表面上看似幽默实际上是尖刻的措辞。要时时注意掌握员工的心理承受能力，以防止对方心理失衡。

"挑拨离间"型的问题员工非常容易混淆人与事，因此，管理者在批评时，一定要注意批评只是针对某件事，而并非针对人。

☆ **冷静思考，找出证据，立即清除**

有些管理者在碰到类似这种情况时，会立刻采取行动，想要证实自己了解到的这个苗头是真是假。实际上，管理者在知道这个苗头后应该静下心来思考：一是要思考这个"搅屎棍"对其他人的影响力有多大？二是作为管理者，你自身是否真的有令人可以挑拨的事情？三是被挑拨的人，是否会轻易地被挑唆成功？

管理者在遇到"搅屎棍"这样的人教唆其他员工一起反对你时，一定要做到冷静，保持头脑的清醒，然后揪出"搅屎棍"，清除出公司。

此外，管理者在听到有人说自己坏话、肆意贬低自己的事情时，要控制住自己的情绪，让头脑冷静下来。你可以回答："是吗？让他们去说好了。"也可以这样说："谢谢你告诉我这个消息，请放心，我是不会和他们一般见识的。"这样的回答会让对方感到没空子可钻，也不会再来纠缠了。

【案例启示】

管理这类人很难，并且在很多职场中确实存在这类人。作为管理者要面对他们，更要管理好他们。因为这类人的伤害力非常大，如果管理者没有妥善地处理好，就会对企业造成一定的伤害。管理者要防微杜渐，禁止这类人进入团队。如果发现企业有这类人，也要立即清除。

【案例7】
新来的经理秘书就是个"小灵通"

【案例现象】

洪主管正在准备和业务总监会谈的资料，因为业务总监提出了一些新的工作计划。当他把草案交给秘书时，秘书告诉他可能这一切努力会付诸东流，因为业务总监即将离职。洪主管问秘书小华怎么知道的，小华说是道听途说的。过了一阵子，业务总监真的辞职了。

还有一次，秘书告诉洪主管，洪主管将会获得提升。洪主管半信半疑，不久上司前来通告这一消息，上司说这是前一天晚上才决定的事。

洪主管发现部门里刚来没多久的小华就像一个小灵通，无论是好消息还是坏消息，小华好像都知道。

【案例分析】

☆ 谣言的特性

在一个公司里，大大小小的谣言肯定不少，谣言不仅传播速度快，并且版本众多，也没有人知道真相到底是什么。谣言的内容成分基本上也并不能保证，比如有多少是真实的？有多少是夸大的？有多少是子虚乌有的？并且谣言流传的时间越长，经过的渠道越多，走形的可能性越大。

面对这些谣言，如果一直不知所措，就会对你产生很大的影响，让你无法全身心地投入到工作中。要想打破这个怪圈，则必须认真对付这些造谣者。

【解决之道】

☆ 减少谣言的产生

事实上，管理者在日常的工作中可以通过多种方式减少谣言的产生。

（1）在对事实进行表述时，要确保清晰、没有歧义。尽管有时候管理者给员工传达的信息是确定的，但如果表述不清晰，使用一些有歧义的、似是而非、语意不详的语句，就有可能引起员工的误解以及一些不必要的谣言，让一些别有用心的人钻了空子。所以，管理者一定不能为了"说服力""生动"而不采用准确无误的语言表达。

（2）保证所要公布信息的确定性。管理者要确保你所公布的信息的确定性。在你的任何表述中不要加入个人的想象、推测以及评论。对于你所说的任何事情都要确保是客观的事实。

（3）对于无中生有的谣言要给予澄清。有句话叫作"谣言止于公开"，通过将信息公开，可以对舆论进行引导，防止彼此之间进行谣传和猜疑。不然员工非常容易陷入更多的谣传和猜疑之中，从而对整个公司的安定团结造成一定的影响。

☆ 管理者要善用谣言

一个成功的管理者，不仅要善于止住谣言，处理谣言，更重要的是善于利用谣言。

实际上，一个企业内部有两种基本的传达信息的方式，一种是正式的、有程序的从上到下，即下达；另一种是利用人与人的交流语言组成的。

很多管理者不知道如何利用第二种传达方式，从而影响了自己的管理者生涯。

其实通过第二种方式，可以提前了解到很多信息，比如：

（1）在重大升迁中，脱颖而出的会是谁，被冷冻的会是谁。

（2）公司将会增设的新职务是什么，被考虑人选有哪些。如果你对新职务感兴趣，就可以拥有比其他人更加充裕的时间去准备，去争取该职务。

（3）如果你提前知道了你的上司即将被提升。这会让你拥有充裕时间和你的上司聊聊你的升迁问题。

（4）你可以知道你在团队中的实际声誉到底如何。事实上，人们在面对面时往往会考虑得比较多，也会比较顾及礼仪，但谣言并不是面对面的，因此更能够反映出事实的真实情况。

此外，管理者也可以通过谣传来散布一些消息。比如：

（1）放出某人即将辞职的风声，这个人也许真的会离职。

（2）谣传一项平时工作中例行的事情将发生改变，然后观察员工的反应。

（3）在公司正式宣布一个好消息之前，散布这个好消息，这样做的好处有两方面：一方面是好消息的谣言能够提高士气，另一方面是在公司正式宣布这个好消息时，又可以振奋士气。

实际上管理者可以通过散布谣言的方法对员工的忍耐力进行测试，然后观察员工在知道谣言时及向你直接求证的反应情形。

每个企业和团队中都有很多的非正式沟通渠道，是灵活而正当的，在道德上是中性的，实际上并没有好与坏之分。好与坏取决于你在何时如何妥善地选择运用，以符合你的利益。所以，管理者要明智地加以运用谣言。

☆ 对于恶意造谣者，坚决清除

上述内容中已经介绍了减少谣言、利用谣言。实际上，在做到以上两点的时候，对于一些恶意造谣的人，一旦发现，一定要立即辞退。因为恶意的谣言只能带来伤害，并不会有什么好处，可能会让你无心工作、陷入谣言中，可能会导致某些员工承受不了最终离职。所以，管理者在面对恶意造谣的人时一定要清除，不要让他们伤害整个团队，成为害群之马。

清除这些损人利己的造谣者还能树立一个实干、果敢的形象，不仅提升了管理者在员工心中的权威，还能赢得员工的信任。此外，清除了身边潜在的危险，还能得到员工的信任，管理者何乐而不为呢？

☆ 批评教育以此为乐的员工

实际上，一些员工喜爱传播小道消息，并以此为乐。管理者在面对这些员工的时候，一定要采取批评教育的方式，让他们认识到传播谣言的害处，并且帮助他们改掉这些坏毛病。

另外，管理者还要注意的是，在批评教育这些员工的时候，一定要注意方式方法。要有足够的耐心，不能急于求成。当然了，让他们改掉这个毛病也不是一蹴而就的事情。因为这个毛病的养成也不是一天两天的。管理者要注重策略，注意态度。在这个过程中，也要给他们足够的细心和鼓励，让他们感受到你是真诚的。

【案例启示】

谣言止于智者，管理者在面对谣言时，一定不要轻信谣言，采取听之任之的态度。应该明察暗访，找出谣言带来的影响。并且追究这些谣言的来源证实这些谣言的真伪，然后根据实际情况处理问题。实际上，管理者也应在平时的工作中做到减少谣言产生的因素。管理者应做到善于利用谣言，从而达到自己的目的。此外，对于恶意造谣的人，一定要清除，坚决辞退。

【案例8】
小赵来了一段时间了，好像没他这个人似的

【案例现象】

市场部的小赵工作一段时间了，但他不爱发表意见，公司的聚会也不参加，

就连平时的工作过程中的闲暇时间也是喜欢一个人坐在那里。与部门的人没有交流，总是显得格格不入。

江苏徐州的苏总说起这件事，存在很多疑虑，不了解这样的员工到底是怎么想的，便向笔者问道："要说是刚来，不太熟悉环境，和同事也不大熟悉，不喜欢交流，我也是能理解的。但这已经有一段时间了，还是这个情况，我真不知道他到底是怎么想的。我当初要是知道他是这样一个不合群的人，我就不会让他通过面试了。"

【案例分析】

☆ 这类人是怎么想的

实际上，管理者不太愿意看到员工有这样的表现，因为员工给人的感觉是不积极，没有活力，也不会有工作的热情。而员工的这些表现也会让管理者感到沉闷和压抑。但管理者不能对这个现象不管不问，而要积极地采取一些策略方法帮助他们。

不爱发表意见、显得格格不入等现象都显示出他是小心谨慎的人，深思熟虑，对未知的事情更多的是疑虑和担忧。他们不愿表现自己、突出自己，不爱享受别人投来的目光，只愿意做一个在人群里的默默无闻的人。这类人，也不喜欢担任领导者，因此也不愿意承担很多的责任。但他们本本分分，也很忠心。

【解决之道】

☆ 采取恰当的沟通技巧

管理者在面对这类员工时，除了调节他们的心态，给他们创造一个轻松的交流环境也是相当重要的。

有些管理者为了打破这种尴尬的气氛，为了顺利地交流，会刻意地寻找一些话题。实际上这些行为不仅没有达到管理者想要的效果，反而会引起对方的反感和厌恶，让他们更加地防御你。事实上，如果管理者想要得到对方对一些问题的观点和看法，可以直接问，让他明确地表达"是"或者"不是"。迂回式的谈话是管理者在与这类人进行交流时要尽量避免的。

管理者要管理好一家企业和一个团队，与这个企业或者团队中的员工首先要做的是能够顺利地沟通，因此与各种人进行交流时采取的沟通技巧显得格外重要。与不爱说话、不爱发言的员工进行沟通时，更要注重沟通技巧。成功的管理者应该是能够使他们开口说话，向你表达他的观点和看法，只有在这样的基础上，你才能对他进行管理，你的管理也才会取得效果。

与这些人交流有一些技巧，下面简单地进行介绍一下：

首先，从他的或者你们共同的兴趣爱好切入。当以他的兴趣为谈话内容时，可以触动他心灵中的"热点"，从而让他放下戒备，自然地进行交流，当他打开心门时，自然而然地可以进行其他话题的切入。

其次，从他的烦恼切入，这些烦恼可以是工作中的，也可以是生活中的。尽管他们不会主动说起这方面的事情，但这不意味他们没有烦恼。反之，与开朗活泼的人相比，他们往往有更多的烦恼和担忧。当管理者能够对他的烦恼和担忧表现出理解时，他自然会敞开心门。

最后，你也可以评价他，以开始你们的谈话。每个人都需要别人的认同和肯定，对别人眼中的自己也特别想知道，而自我防卫型的员工更是如此。他们担心在别人眼里自己做得并不好，所以选择自我封闭。管理者如果能公正、真诚、客观地对他进行评价，往往会让他进行自我反思，从而可以顺利地交流。

☆ **让他们承担起责任**

员工为什么有时候会推卸责任，为什么会有推卸责任的想法和理由，实际上是因为管理者在分派任务时并没有对他的岗位职责进行明确和告知。事实上，如果管理者只告诉员工如何完成他们的工作，这是不够的，还必须让他们明白，自己拥有哪些权利，需要承担哪些责任。

大多数员工出错后，都会想到推卸责任，这是因为在当初任务布置时就没有明确他的责任。

此外，管理者还要注意适度的惩罚。

惩罚的作用是为了让员工不再或者减少此类错误的产生。如果惩罚的力度过轻，员工就会觉得无所谓，也就是说惩罚没有起到作用；但如果惩罚的力度过重，也是不行的。过重的惩罚会让人们担忧，从而使人们千方百计地来逃避惩罚，为了不受罚而寻找一切理由和采取一些行为推卸责任。这些行为包括欺骗、说谎以及隐瞒等手段，从而达到逃避惩罚的目的。一旦员工选择隐瞒，那么被隐藏的错误便不会及时地得到修正，自然会造成更糟的结局。当管理者发现的时候，也许已经无法修复了，企业也就岌岌可危了。由此可见，过重的惩罚只会导致出现更多的、各种各样的"借口"，给企业也只能带来更大的风险。

当然，教下属学会承担责任最好的方法是，管理者自身要树立一个好榜样。有句老话叫作"打铁先要自身硬"，如果管理者自己也推卸责任，你的下属承担责任也是不可能的！

☆ 给他们足够的安全感

在面对这类员工时，管理者不要向他们频繁地提出太多的变化和新方案，否则会让他们感觉非常吃力。

对于他们的疑问，管理者要给予耐心的解答。对于他们的疑虑，管理者要主动地关心，这种做法才会使他们觉得心安，有安全感。

管理者也要充分地尊重他们，对于他们的努力及成绩不要轻易地表达不满或者直接否定，要欣赏他的才能。

当他们出现错误时，管理者也要选择一定的方式方法进行批评教育。他们心理防卫机制非常强烈，因此管理者千万不要在大庭广众之下或者当着其他人的面挑剔、指责他们，这些都会引起他们的疑心，怀疑你在背后也这样议论、嘲讽他。

已经安排给他们的工作，在他们进行工作的过程中，不要或者尽量少提一些建议。太多的建议只会让他怀疑你对他并不是足够的信任，从而加重自我防卫机制。

给他们划定一个大圈是促进使自我防卫型员工自我提高的一个好方法。

自我防卫型的员工一般都喜欢干自己熟悉的领域的工作，因为这让他们感到有安全感。在他们的眼里，险情是与未知的领域、太遥远的未来相连的。因此，从一开始管理者就需要给他们设定一个宽泛的区域，让他们慢慢地了解它、熟悉它以及接受它。

管理者在这个过程中需要帮助他们制定一个个的小目标，让他们逐渐实现，一步一步走下去。

【案例启示】

管理者如果发现团队中有这样的人时，不仅要看到他的缺点，还要看到他的优点，比如他们坚守本分、忠心，千万不要认为他是毫无优点的！

管理者在面对这类员工时，应该积极地采取恰当的方式方法进行管理，比如采取一定的沟通技巧，与他们进行一些深度交流。同时，这类人不喜欢引人注目，不爱当领导，那自然也不愿意承担一些责任，所以管理者也要让他们承担责任，让他们成长。管理者要给予他们足够的安全感，让他们放下心理防御机制，逐渐成长起来。

【案例 9】
面试时夸夸其谈，以为很有本事呢

【案例现象】

山东青岛的郭总跟笔者聊起一个现象。在面试某些员工时，这些面试者侃侃而谈，在实际工作中的实际能力并没有多少，这让郭总很是不解。前段时间又招来一个这样的员工。

郭总经营的是一家颇具规模的建材公司。在面试时，汉语言文学专业毕业的小黄显示出非常好的口才，理论不仅一套一套的，并且从他的专业到建材到营销，他都侃侃而谈。郭总也就录用了小黄，把他分配到公司的文案策划部门。

由于小黄能言善辩、口才极好，所以在公司里，同事送他一个外号——博士。黄伟很受用这个称呼，在日常的工作中更是自居"博士"。但小黄做的文案可行性很小，这让郭总很是头疼，认为小黄并没有认真对待工作。

后来，公共关系部门需要一名沟通能力很强的人，郭总就把小黄抽调过去了。小黄倒是能说会道，但一和别人沟通，就出现了一个情况，他把客户当成自己的听众，直接把和客户的聊天变成了个人的"演讲"，所涉及的话题包罗万象，客户插话都插不上。有一次更是离谱，小黄说到得意之处，更直言说："你们这帮当老板的，就知道钱。不过这世道有钱的人就是大爷，只要能挣到钱，哪儿还管什么好事坏事，黑心事也是做得出来的。"客户听了小黄的话，什么也没说就直接走了。当然，这个单子也别想了，竹篮打水一场空。

郭总在了解到情况后，直接把小黄开除了。

【案例分析】

☆ 爱说大话

作为一名管理者，千万不要被他们夸夸其谈的外表所迷惑。也许在面试的时候，会对他们产生这样的印象——他们头脑够灵活、交往够广泛，但实际上他们只不过是一些纸上谈兵的人。

管理者需要的员工是在工作中能够脚踏实地、认真办事的人，并不需要会说大话的人。管理者在招选员工时，一定要以事实说话，不要由于他们的高谈阔论，就认为他们的能力很强，就把他们安排到重要的岗位上。很多事实都表明，平日里领导高估的人，一旦遇到大事或者出现一些大问题，往往会表现得出乎意料的无能。

实际上，管理者需要的是一个得力的员工，能够使企业获得发展的人，而并不是一个好听的收音机，因此除了要考察他的嘴巴之外，他的脑袋、双手的能力也要在你的考虑范围之内。

☆ 自以为是

管理者在任用这种类型的员工时，一定要采取恰当的方式方法。

他们极度敏感和反感他人对其的批评。因此，管理者在面对他们犯错时，想要给予指出的时候，一定要讲技巧。管理者可以考虑使用要先扬后抑再扬、"三明治"式的批评方法。并且管理者在批评过程中，一定要注意用事实说话，用事实作论据。如果管理者只用一定的理论去说服他们，那是不可能的，因为他们能言善辩，是辩论的行家里手。所以，管理者需要摆出事实，用事实说话，告诉他们确实是他们错了。

管理者在给他们进行任务分派时，可以给他们分派一些具有一定难度的任务，让他们在事实面前低下高傲的头。实际上，这种做法也能够促进他们进行自我提高。

一个成功的管理者应该能帮助员工成长和发展，因此，管理者可以和他们交流，对他们进行成熟教育，使他们不断成长和完善自我。

☆ 眼高手低

公司经营需要有整体规划以及战略思考，但更需要的是将这些构想付诸实施的执行能力。并且对于员工来说，执行能力是最根本的要求，一个合格的员工必须将上级的决策落到实处。

眼高手低的员工必须要明白，很多东西做起来比想的要难得多。无论从事什么职业，未来发展得如何，都必须要有执行能力。只有对一般工作都能认真执行的人，未来才可能走得更远，发展得更好。那些已经取得一定成就的人，大多数都是从简单的工作中和低微的职位上步步走上来的。无论事情多么烦琐与细小，他们都能找到个人成长的支点，都能够获得成长，走向卓越。

笔者相信每家公司里肩负要职的人，都是由于他们忠实地履行日常工作职责，才能被赋予更多的责任和权利。只有将工作做得比他人更正确、更完美、更专注，才有可能获得非凡的结果。

☆ 分析多于行动

很多管理者认为，只要任务布置下去了就算完事了，实际上是大错特错。管理者一旦对他们放任自流，随他自主，就会发生很多问题。面对这些沉迷于分析的员工时，管理者除了要将工作任务分配下去，同时还要向他们详细地说明完成这项工作的参数、标准、重点以及日程安排，使他们对这项工作的结果有十分准确明晰的认识。

在员工着手开始做这项工作时，也不能放任不管，管理者要定期地、主动地和他进行沟通，对于工作的进度要时刻关注。如果发现他在细枝末节上耗费了很长的时间，这时候你也不要以强硬的态度批评他，而是要旁敲侧击地引导他，让他自己发现这个问题。为什么不能直接指出来呢？因为你这样做的后果就是他会花费更长的时间来和你论辩他这样做的原因。

但如果你发现他的项目进行得很顺利，那么也不要吝啬你的赞美。管理者及时地给予他表扬，他需要认同和鼓励。

【解决之道】

☆ 用事实说话

前文我们讨论了夸夸其谈这种类型人的一些特点，管理者是否感觉对于这种员工无计可施了，只能开除处理了呢？实际上并不是，在管理夸夸其谈型的员工时，应该用事实说话。

他们的理论都是一套一套的，是辩论能力极强的一群人，如果管理者因为他们的侃侃而谈就许之重任或者高位的话，那么团队或者公司就会出现一些问题。俗话说，"事实胜于雄辩""说得好不如做得好"，到底有没有实力只有在实践中才能得到证明。所以管理者要用事实考验他们的能力，让他们在实践中成长。

此外，管理者一定要义正词严地批评他们的错误。反之，他们就会毫不在乎。

此外，管理者也要认识到这类人也是具有一定能力的。一个成功的管理者要让员工都能人尽其才，发挥出自己最大的潜力，从而使他们获得成长，引导他们完成自我超越。

☆ **让他们从小事做起**

管理者要让他们明白工作中是没有小事的，在实际的工作中仅仅只靠理想也是不行的，如果没有任何实际行动只会在原地踏步。实际上，无论在工作中还是在生活中，都应该明白做的话不一定能成功，但不做的话一定不会成功。在工作中每一件事，无论这件事是大是小，都应该认真地去对待，用心地去做，特别是那些小事，更应该如此。

☆ **帮助他们建立自信心**

管理者在员工将某项工作做得好时，应该毫不吝啬地给予夸奖，让他们更有自信心。

尽管从表面上看夸夸其谈的人很主动，事实上他们有过度的自我认知心理。他们的成就动机以及执行能力会有一定的落差，而这个落差会导致他们对行动的恐惧。在心理学中称之为行动"近视症"——害怕失败后的耻辱，于是会选择干脆不行动，但不行动的话好像又更加耻辱。于是进入了自我防御模式，害怕受到他人批评，所以批评别人。

实际上，夸夸其谈的人的自信心并不高，因为在现实生活中并没有累积到一定的能力，所以自我的认知开始失调，对于现状表现出不满。这类人不愿去做低层次的工作，但不表示他能够做得好，反而可能做不好。因为在他们的意识中觉得低层次的工作太简单了，就可以不用去准备。这就形成了一个现象——大家认为他做不好，所以并不信任他。可他们觉得我不应该做这些，你们这些人怎么这样？还硬要我来做，真是屈才，使得他们与同事之间的关系越来越紧张。

事实上，这些人只注重结果，并不注重过程，但重视结果的结果是他们并不在过程中证明自己的能力，也就不能累积自己的资源。所以，他们更没有自信了。

管理者在面对这类人时，应该激发他们将潜在的能力表现出来，让他们用能力来证明自己，建立自信，通过能力证明他自己。

一方面，管理者可以让他们证明自己的能力和自我形象的差距并不大，如果还是不行，那就可以降低标准，让他们能做到，只有做到了才能有自信；另一方面，管理者还要让他们学会自我反思。可以自问这些话，比如"这是我的表现吗？""我喜欢这样吗？""我可以做得更好吗？"等，这样做的好处是使他越来越清楚自己的自我形象，就会从实际出发看问题了。

☆ 要他们学会不怨天尤人

喜欢怨天尤人也是这类人的一个特点。管理者要让他们明白，给他们的任务和工作是为了培养他，让他成长，并不是刻意地压抑他们，更不能将失败的原因归咎于环境，而需要反省自我，并向他人请教。你要让他明白自己能力的不足以及心态的缺失。要明白"卑微的工作也有高傲的自尊"。

☆ 要帮助他们树立正确的工作观

管理者应该帮助夸夸其谈的人树立正确的工作观。但怎么做呢？可以给他们一些简单的任务，让他们凭借自己的能力把这件事情做到最好。因为这些人的语言能力很强，说得一般都会比做得好，所以要让他们意识到行动的重要性。

【案例启示】

无论在生活中还是职场中，我们都不愿意和这类人打交道，因为他们说得永远比做得好，且认为自己的能力很强。但管理者在面对这类员工的时候，更应该采取一定的措施，要通过事实让他们意识到自己的错误，可以让他们从小事做起，在实践中建立起自信心，要让他们学会自我反省，而不是一旦失败就找借口、怨天尤人，管理者要帮助他们树立正确的工作观。其实，管理者的这种做法不仅有助于员工个人获得成长，也有助于企业发展。

【案例10】
越培训越不会跳槽

【案例现象】

江西南昌的章总很重视公司人员的培训，他认为培训也是经营，并且是很重要的经营。培训就如同企业的"造血"功能。因此，公司基本上每个月都会有培训。

章总认为，中高层管理人员的培训是最为重要的，只有中高层领导做好带头作用，才能带动员工一起学习，员工也不会有意见。因此，章总每年都要选派一些中高层干部和管理人员远赴国内外名校进行学习深造。

经常有人这样问章总："章总，你花这么大力气培养了这些人才，就不怕他们将来跳槽吗，甚至到你的对手公司里吗？"章总这样回答："这是一个'先有鸡还是先有蛋'的问题，如果你不给他做一定的培训，他成长不了，能力和业绩自然也就上不来，他到其他公司的可能性更大吧。一旦把他培养好了，能力也提上来了，每个月都能出业绩，并且给他提供了职业发展通道以及让他能足够施展能力的平台，那他还有要走的理由吗？所以我认为越培训越不会跳槽！"

【案例分析】

☆ 培训真的重要吗

"活到老学到老"，每个人无论是在什么阶段都应该坚持学习，只有不断地学习才能让自己一直成长，才能在工作竞争中立于不败之地。

公司培训可以提高员工的工作技能，这个技能包括两部分内容：一是通用技能，二是专用技能。通用技能的培训内容可以设计企业内部生产相关的知识，比如企业文化、企业的规章制度、企业的产品以及行业相关知识等。专用技能涉及很多细化的培训内容，比如人力资源方面、营销方面、财务方面、研发方面等。每个方面又可以根据需要分化出若干小方面，比如营销方面，可以分为客户的开发、客户的维护以及产品的推广。

此外员工通过培训还能有以下收获：①激发员工的内在动力，促进员工工作热情的提高。②能够让员工认识到自己工作中存在的不足，通过改正弥补这些不足，以获得成长。③通过培训可以学习其他人的工作经验，从而加强自己的工作能力。

对于一个企业的发展来说，培训非常重要。作为一名管理者要注重开发培训的内容，应采取多种形式和渠道进行培训，从而达到培训的效果。

【解决之道】

☆ 注重培训内容，不要形式化

其实很多员工很反感培训，一说到培训，总是愁眉苦脸的。为什么会造成这样的现象呢？因为员工觉得培训对于他们来说没有作用，反而会让他们产生反感，让他们觉得是在浪费时间和精力。

实际上，应根据不同的员工进行培训，不能"一锅煮"，所有的人不分具体工作统一进行某一专业知识的培训，也不能不论新老员工都进行企业文化的培训，等等。实际上培训的对象是企业里的员工，是人。培训师在培训时一定要注意调动人的主观能动性，不能不顾培训对象的反应和感受，一味地进行填鸭式培训，这样不具有任何效果，反而会引起不好的效果。

企业在进行培训时，更应该注重培训的内容，不能让培训成为形式化东西，比如：

（1）课程体系中，不仅有理论性、战略性的高层培训，也要有很多的适合操作岗位的技能培训，例如销售技能、设备维修技能，等等。

（2）有各种专业性较强的管理培训，如财务管理、营销管理、精益生产管理，等等。

（3）也有提升心性的传统文化讲座，如道家哲学、儒家文化、利他价值观，等等。

（4）有开阔视野的专题讲座，比如信息化讲座、企业文化、品牌、职业规划，等等。

☆ 注重培训的形式

实际上，培训的内容很重要，但培训方法也很重要。很多培训师在培训时对培训的形式并不注重，只是一味地进行填鸭式的培训，这样的培训不仅起不到好的效果，反而会让员工反感培训。好的培训方式不仅能让员工能够融入培训过程中，还能在培训中学习到培训师想要传达的知识。

由于篇幅的限制，在此笔者仅仅介绍一些在培训中可能会用到的方式方法。

在对新员工进行公司基本结构和制度的培训时，可以对公司的一些领导以及那个部门的愿景、职责等进行介绍，笔者相信被培训的员工，听到了自己的直属领导以及自己所在部门的介绍时，一定会更加认真听讲。

在对销售部门的员工进行培训时，可以把培训的人员分成小组，让每个小组通过答题得分的形式使他们融入培训过程。同时，培训师在出这些题目的时候，要具体到细节，让员工们能够踊跃回答，在这个过程中，也可以促进他们进行交流。

实际上，好的培训方式不仅能让员工融入培训过程中，也能达到培训师的目的。

【案例启示】

很多管理者没有意识到培训的重要性，认为培训之后的员工依然会离职，或者是为其他公司培养了人才。实际上，这种想法是错误的。通过培训可以让员工更好地了解公司以及自己的岗职岗责等，可以更加快速地进入工作。但也需要管理者注意的是，不要将培训形式化，否则这种培训不仅不会有任何好的效果，反而会引起员工的反感。管理者要注重培训的内容，也要注重培训的方式等，让培训能够真正取得好的效果。